... rund um Jugendherbergen

Allgäuer Alpen
und Bayerisch Schwaben

D1703855

... rund um Jugendherbergen

Allgäuer Alpen und Bayerisch Schwaben

Verfaßt von Veit Metzler
mit einer Einführung von Otto Wirthensohn
Vorsitzender des Deutschen Jugendherbergswerkes

Deutscher Wanderverlag
Dr. Mair & Schnabel & Co. · Stuttgart

DJH – Wegweiser

Kleine Bücherei für Hobby und Freizeit
herausgegeben für das
Deutsche Jugendherbergswerk e.V.

Kartographie der Wandertouren:
Ing.-Büro Adolf Benjes

Übersichtskarte und Kartenausschnitte der Radtouren:
Mairs Geographischer Verlag,
bearbeitet von Ing.-Büro Adolf Benjes

Umschlagbild:
Veit Metzler
Seite 2:
Im Kleinwalsertal
(*Foto:* Veit Metzler)

ISBN 3-8134-0273-8

© **1993.** Deutscher Wanderverlag Dr. Mair & Schnabel & Co.,
Zeppelinstraße 44/1, D-73760 Ostfildern (Kemnat)
Satz: Gerda Kaul, D-73240 Wendlingen
Druck: Siegfried Roth, D-73277 Owen/Teck
Printed in Germany

Gedruckt auf 100% chlorfrei gebleichtes Papier

Inhalt

1 Jugendherberge Kempten

2 Jugendherberge Füssen

3 Jugendherberge Oberstdorf

4 Jugendherberge Lindau

5 Jugendherberge Ottobeuren

6   Jugendherberge Memmingen

7   Jugendherberge Günzburg

Bootshafen am Forggensee   (Foto: Hans Naumann)

8 Jugendherberge Augsburg

9 Von Jugendherberge zu Jugendherberge in Bayerisch Schwaben und in den Allgäuer Alpen

Bilderverzeichnis

Ein kühler Trunk   (Foto: Klaus Puntschuh)

Orts- und Sachverzeichnis

Mit Nummern-Angaben der betreffenden Touren,
schräg-gedruckte Zahlen weisen auf eine Kurzbeschreibung im Text hin.

Blick zum Rubihorn und Gaisalpsee
(Foto: Kurverwaltung und Verkehrsamt Oberstdorf)

14

Einführung

Jugendherbergen und Wandern bilden seit eh und je eine Einheit. Die Förderung des Wanderns ist auch heute noch eine in der Satzung fixierte vorrangige Aufgabe des Jugendherbergswerkes und seiner Landesverbände.

Natürlich haben sich Formen und Intentionen des Wanderns im Laufe der Jahrzehnte gewandelt. Die Jugend- und Wandervogelbewegung des Jahrhundertbeginns sah im Wandern einen Ausdruck des Protestes gegen die Zwänge einer erstarrenden Gesellschaft, gegen die Technisierung des Lebens und gegen die Verstädterung. Das Revolutionäre zeigte sich in Kleidung und Lebensweise: Kurze Hosen, offene Hemden und bunte Jacken waren ebenso sensationell wie der Verzicht auf Alkohol und Nikotin.

Die Beweggründe für das Wandern sind heute vielschichtiger. Die einen wandern der Gesundheit wegen, andere aus sportlichem Ehrgeiz oder aus Freude am Erlebnis der Gemeinschaft. Und – obwohl Wandern sicherlich wieder »in« ist – viele Kinder

Wanderer am Freibergsee bei Oberstdorf
(Foto: Kurverwaltung und Verkehrsamt Oberstdorf)

und Jugendliche müssen zu dieser Art der Fortbewegung, zum richtigen Naturerlebnis erst behutsam hingeführt, ja verlockt werden, die Strände des Mittelmeeres sind ihnen oft bekannter und vertrauter als die heimatlichen Gebirge.

Fuß- und Radwandern sind heutzutage nicht ohne Problematik. Dort wo sie – auf beliebten Bergsteigen oder Radrouten etwa – zu Massenbewegungen ausarten, gefährden sie die Umwelt, stören sie empfindlich das ökologische Gleichgewicht. Gefordert ist deshalb ein »Wandern mit Einsicht«, das sich mit ökologischem Bewußtsein paart und auf Auswüchse, etwa beim »Mountainbiking« verzichtet. Die Jugendherbergen in Bayern, schon immer dem Naturschutz besonders verpflichtet, versuchen durch ein eigenes Umweltprogramm einen umweltverträglichen Wandertourismus zu fördern. Dieser beginnt beim praktizierten Umweltschutz in der einzelnen Jugendherberge, der auf die Verwendung von umweltschonenden Materialien wert legt und Abfallvermeidung anstrebt, und reicht über umweltverträgliche Wanderprogramme bis zur Einrichtung von Umweltstudienplätzen (z. B. in den Jugendherbergen Prien und Benediktbeuern) mit vielen, das Umweltbewußtsein fördernden, Angeboten.

Das Deutsche Jugendherbergswerk begrüßt die im Deutschen Wanderverlag erscheinende Reihe ». . . *rund um Jugendherbergen*«. Diese fühlt sich dem Gedanken des Umwelt- und Naturschutzes verpflichtet und bietet für alle Ansprüche ein vielseitiges Angebot. Schulklassen, Jugendgruppen und Einzelgäste, die eine Jugendherberge besuchen, mögen dadurch zum Wandern verlockt werden und aus der behutsamen Begegnung mit der Natur neue Impulse und Erfahrungen gewinnen.

Otto Wirthensohn
Vorsitzender des Deutschen Jugendherbergswerkes

Vorwort

... rund um Jugendherbergen in den Allgäuer Alpen – dieses Thema verbindet die Tradition des Jugendwanderns mit dem unmittelbaren Kontakt zu einer der letzten großen zusammenhängenden Naturlandschaften Europas, den Alpen.

Das Deutsche Jugendherbergswerk ging wie andere ähnliche Organisationen, so z. B. die Naturfreunde (TVdN), aus der Jugendbewegung der letzten Jahrhundertwende hervor. Aus den im Zuge der Industrialisierung unwirtlich werdenden Städten zog die Protestbewegung der *Wandervögel* in lockerem Verbund unbekümmert quer durch Deutschland, ähnlich den wandernden Studenten und den Handwerksgesellen. Ein immer dichteres Netz von preiswerten Herbergen entstand.

Aus dem ursprünglichen Ziel der Schaffung einer eigenen jugendlichen Welt im Einklang mit der freien Natur wurde bald schon ein verklärter ideologischer Überbau: Hochgehalten wurden das *einfache Leben,* eine Mystifizierung von Naturerlebnissen und ein orthodoxes Wanderbewußtsein, welches verächtlich auf die *Benzinkutschen* herabsah und *Tages-Märsche* propagierte.

Der später aufkommende Nationalsozialismus machte sich diese wie auch andere geistige Strömungen rasch und geschickt zu eigen – es zeigte sich, wie gefährlich jegliche Art von Ideologie werden kann.

Noch lange nach dem 2. Weltkrieg war es still um die Wanderbewegung. Und als Anfang der sechziger Jahre der wirtschaftliche Aufschwung einsetzte, war Moped- und Autofahren »in« und zu Fuß gehen »out«. Doch mit dem ersten Wohlstand Ende der sechziger Jahre erlebte das *Zurück zur Natur* ansatzweise eine Renaissance: Die »Blumenkinder«, die Hippies, kündeten vom neuerlichen Bruch mit der Gesellschaft, vom neuerlichen (ekstatischen) Naturerlebnis. Von linken Ideologen wurden sie (wieder) als unpolitische »Wandervögel« verspottet. Gleichzeitig gab der erste alarmierende Bericht des *Club of Rome* über die düsteren Zukunftsprognosen für die bereits arg geschundene Natur dem Protest der Jugend recht. Schließlich entstand die ökologisch orientierte Partei der Grünen.

Inzwischen wird das Ausmaß der globalen Schäden immer deutlicher. Es ist mindestens *fünf vor zwölf* auf der Weltuhr, um drohende Katstrophen abzuwenden.

Diese Sachzwänge haben vielleicht ein Gutes geschaffen: Wir benötigen heute keine Ideologie mehr, um uns für die Umwelt zu engagieren. Idealismus freilich schon, um selbst etwas zu tun:

Seien es Wiederaufforstungen im Gebirge, Müllsammelaktionen, Schaffung von Rückzugsgebieten für Tiere und Pflanzen usw.

Allein schon unter dem Schlagwort *Sanfter Tourismus* können wir unseren Umweltbeitrag leisten: Durch die Benutzung öffentlicher Verkehrsmittel und der Bevorzugung einfacher Quartiere beugen wir einem Ozon- und Verkehrsinfarkt ebenso wie der Zersiedlung des Alpenraums vor.

Die Jugendherbergen bieten samt ihren Programmen beste Voraussetzungen für die Erfüllung dieser Ziele. Im gemeinsamen Erleben mit gleichaltrigen Jugendlichen kann eine sinnvolle Freizeitgestaltung spielerisch erworben werden. Dazu zählt auch das Wandern, denn im (sportlichen) Erleben der eigenen Grenzen und Fähigkeiten entsteht ein natürliches Bewußtsein über sich selbst und die anderen. In der Rhythmik der ursprünglichsten Fortbewegung wird die Natur mit allen Sinnen aufgenommen. Gerüche eines Waldbodens etwa oder der Schrei eines seltenen Tieres lassen archaische Erlebnisse zu. Tosende Wildbäche, *ewiger Schnee* und unbezwingbare Felsriesen lassen uns erkennen, wie mächtig die Natur ist. Wir sind von ihr abhängig und alle miteinander dazu aufgerufen, die Natur zu schützen und zu erhalten. Die Jugendherbergen können einen wichtigen Beitrag dazu leisten.

Veit Metzler

Zum Gebrauch

Der vorliegende Wanderführer nimmt innerhalb der Buchreihe ... *rund um Jugendherbergen* eine gewisse Sonderstellung ein, da im Alpenraum natürlich das Bergwandern von vorrangigem Interesse ist. Auf die Sehenswürdigkeiten überschaubarer Kleinstädte wird hingewiesen. Sie lassen sich anhand eines Ortsplans des jeweiligen Fremdenverkehrsamtes einfach erkunden und werden nicht als Wandertour aufgeführt.

Besondere Naturerlebnisse und ökologische Problembereiche werden an Ort und Stelle beschrieben. Der Text ist insgesamt *neutral* gehalten, d.h. er geht nicht direkt auf Jugendliche ein, da er sich ja häufig an Erwachsene, wie die Gruppenleiter, die 18- bis 27jährigen sowie an wanderbegeisterte Familien richtet.

Bei Wanderungen mit Kindern und Jugendlichen im Gebirge gelten andere Maßstäbe als der *Gipfelsieg* der Erwachsenen; das sollte eigentlich selbstverständlich sein. Bei der Tourenplanung, die am besten mit den Kindern erfolgt, muß natürlich ein längerer Zeitaufwand als die vorgegebene, reine Wanderzeit kalkuliert werden. Oft ist es ja gerade der Weg mit seinen Lebewesen, der *Zauberwald* oder der gurgelnde Bach, der den jungen Wanderern das Wichtigste ist.

Auf die immer beliebter werdenden Radwanderungen konnte aus Platzgründen nur in Kurzform eingegangen werden. Sie lassen sich anhand der angegebenen Karten ohne weiteres nachvollziehen, sind jedoch in erster Linie als Vorschläge für Erkundungsfahrten in die Umgebung der Herbergen gedacht. Meist ist die Länge der Tour auf durchaus trainierte Radwanderer zugeschnitten – also vorher die eigenen Fähigkeiten prüfen und eventuell eine kürzere Strecke anhand der Karte ausfindig machen!

Der *Anhang* des Buches führt ebenfalls in Kurzform sowohl *per pedes* als auch *per pedale* von Jugendherberge zu Jugendherberge. Dabei wurde Wert darauf gelegt, daß unter Einbeziehung öffentlicher Verkehrsmittel, auch *per pedes* die jeweils nächste Jugendherberge mit einer Tagestour erreicht werden kann.

Bergwandern – wichtige Hinweise

Gruppenwanderungen im alpinen Gelände

- Es wird dringend geraten, zu Bergfahrten, bei denen mit größeren Schwierigkeiten und Gefahren zu rechnen ist, staatlich geprüfte Berg- und Skiführer heranzuziehen. Ihre Anschriften sind beim Verband Deutscher Berg- und Skiführer e.V., D-80331 München, Hotterstraße 32, sowie bei den örtlichen Stellen des Deutschen Alpenvereins zu erfragen.
  Sind Bergführer für eine Gruppenwanderung nicht verfügbar, so ist es unerläßlich, daß erfahrene Bergsteiger die Gruppe begleiten.
- Die Gruppenstärke richtet sich nach der Schwierigkeit des Unternehmens. Die Teilnehmerzahl darf in schwierigem Gelände 10 Teilnehmer je Führer nicht überschreiten. Bergführer oder Gruppenleiter entscheiden, wer für eine Tour in schwierigem Gelände geeignet ist. Die Teilnehmer müssen auf die körperlichen Anforderungen vorbereitet sein.
- Maßgebliche Personen (Herbergseltern) am Ausgangspunkt genau über die geplante Wanderung unterrichten.
  Genaue Wegführung und Zeiteinteilung vorausplanen. Routenangaben in Hütten- und Gipfelbücher eintragen, evtl.

auch mögliche Tourenänderungen. Rechtzeitig Umkehr, wenn Verzögerungen oder unvorhersehbare Zwischenfälle den Zeitplan verändert haben.

● Der schwächste Teilnehmer geht in der Marschordnung unmittelbar hinter dem Führenden, ein Verläßlicher und konditionell Starker als Schlußmann. Die Gruppe bleibt in der Regel zusammen.

● Tempo und Wegwahl richten sich nach der Leistungsfähigkeit des Schwächsten der Gruppe.

Das Einhalten von Rastzeiten (15–20 Minuten Pausen nach etwa 2 Stunden Gehzeit) ist wegen einer vernünftigen Kräfteeinteilung notwendig.

● Vom geplanten Ziel und Weg nur abweichen, wenn die veränderten Umstände es gebieten.

● Bei gesicherten Bergwegen Drahtseile, Klettersteige, Leitern etc. auf Festigkeit prüfen und nicht überlasten.

Ausrüstung

● Immer auch für schlechtes Wetter und Kälte gerüstet sein. In jedem Falle form- und feuchtigkeitsstabile, knöchelumschließende Bergschuhe mit Profilsohle.

● Lange Hose oder Bundhose aus einem warmen und windschützenden Material. Warme, saugfähige Oberkleidung. Pullover, Anorak, Regenschutz (u.a. Schirm), Kopfbedeckung (Hut oder Wollmütze), Reserveunterwäsche und -wollstrümpfe, Sonnenbrille.

● Erste-Hilfe-Ausrüstung: Verbandspäckchen, Hansaplast, Leukoplast, elast. Binde, wärmeisolierende Alu-Folie, Dreieckstuch, Desinfektionsmittel und -salbe (dazu beim Verantwortlichen: Schmerzmittel). Sonnenschutz für Haut und Lippen.

● Tourenproviant und Getränkeflasche.

● Orientierungshilfen (Karte, Kompaß, Höhenmesser, Führer, Taschenlampe). – Biwaksack für Notfälle (beim Verantwortlichen).

Verhalten bei Wettersturz und Gewitter

● Vor Antritt der Tour immer Auskünfte über die Wetterlage einholen (Rundfunk, alpine Auskunftsstellen, Herbergseltern) und selbst das Wetter beobachten. Bei drohendem Wettersturz, Nebel, Hagelschauer, Schneefall, rechtzeitig umkehren oder geschützten Ort (vor allem

windgeschützt, um Wärmeverlust zu vermeiden!) aufsuchen.
- Bei Gewitter alle exponierten Stellen (Gipfel, Grate, hohe Bäume etc.) wegen Blitzschlaggefahr meiden.
Bei drohendem Blitzschlag sollte man eine geschützte Stelle wählen: nicht am Waldrand, sondern sich in den Wald begeben. Die Nähe von nassen Geländebereichen sollte gemieden werden. Keine Sicherheit bieten Überhänge und kleine Grotten, da hier die Gefahr von Kurzschlußbrücken besteht. Auf keinen Fall sollte man sich gegen eine Felswand lehnen; es reicht, wenn man sich in einem Meter Abstand davon aufhält. Metallgegenstände wie Pickel, Steigeisen etc. sollten abgelegt werden, Drahtseile sind zu vermeiden.

Am Christlessee bei Oberstdorf   (Foto: Klaus Puntschuh)

Internationales alpines Notsignal

- Innerhalb 1 Minute sechsmal in regelmäßigen Abständen optisches und/oder akustisches Zeichen geben, darauf 1 Minute Pause. – So oft wiederholen, bis Antwort erfolgt.
Antwort der Rettungsmannschaft: drei Zeichen innerhalb einer Minute.
- Zeichen können akustisch (Rufen, Pfeifen u.a.) oder visuell (weißes Tuch, Blinken mit Taschenlampe oder Spiegel u.a.) gegeben werden.
- In Notfällen ist jedermann zur Hilfeleistung verpflichtet.

22

Wichtige Adressen für alpine Auskünfte:

Berchtesgaden: Fremdenverkehrsbüro, Reichenhallerstraße, Telefon (08652) 7252
DAV-Sektion Berchtesgaden, Maximilianstraße 1, Telefon 2207.

Garmisch-Partenkirchen: Verkehrsamt am Bahnhof, Telefon (08821) 2570 oder 3451
DAV-Sektion Garmisch, Bahnhofstraße, Telefon 2701.

Oberstdorf: Fremdenverkehrsamt, Marktplatz 7, Telefon (08322) 1014
DAV-Sektion Oberstdorf, Telefon 3116.

Alpine Auskunft des DAV, **München,** Praterinsel 5, Telefon (089) 294940

Alpenvereins-Wetterbericht: (089) 295070
Allgemeiner Wetterbericht: 01164
Reisewetterbericht: 011600

Natur- und Landschaftsschutz

Aus Rücksicht auf die besonders bedrohte Alpenregion und in Ihrem eigenen Interesse beachten Sie bitte folgende Hinweise:
Benützen Sie für Ihre An- und Abreise, wann immer es möglich ist, öffentliche Verkehrsmittel.
Bleiben Sie auf den ausgewiesenen und markierten Wegeanlagen (Abkürzungen zerstören die empfindliche Bodendecke und führen zu erheblichen Erosionsschäden). Nehmen Sie Ihre eigenen Abfälle wieder mit nach Hause. Stören Sie die Tier- und Pflanzenwelt so wenig wie möglich (kein Lärm und Abreißen von Pflanzen):

Deutsches Jugendherbergswerk
Landesverband Bayern e. V.

Verhalten im Straßenverkehr

Jeder Radfahrer hat es weitgehend selbst in der Hand, sich zu schützen, indem er einige Regeln beachtet.

Vor Beginn einer Fahrt sollte geprüft werden:

- ob das Fahrrad verkehrstüchtig ist: Klingel, Reifen, Bremsen, Sattel und Lenker und die lichttechnische Einrichtung;
- ob die Werkzeugtasche alles Notwendige enthält: Flickzeug oder Ersatzreifen, Schraubenzieher, Zehnlochschlüssel (»Knochen« genannt) und Speichenspanner.

Wichtig sind auch:

- eine Diebstahlsicherung
- der Fahrradpaß.

Für das richtige Verhalten im Straßenverkehr muß auch der Radfahrer die Bedeutung der wichtigsten allgemeinen Verkehrszeichen und natürlich derjenigen für Radfahrer kennen.

Folgende Verhaltensweisen muß der Radfahrer beherzigen:

- beim Geradeausfahren immer äußerst rechts auf der rechten Fahrbahn fahren, aber nötigen Abstand von der Bordkante einhalten
- sind Fahrradwege vorhanden, müssen sie benutzt werden
- immer links, niemals rechts überholen
- mehrere Fahrradfahrer müssen hintereinander fahren
- das Fahrrad ist nur für eine Person gedacht (ausgenommen das Tandem)
- Kinder bis zum vollendeten achten Lebensjahr müssen auf dem Gehweg fahren, sie dürfen nicht die Straße benutzen
- an einer Kreuzung ohne Verkehrszeichen gilt der Grundsatz »rechts vor links«
- an einer Kreuzung besonderes Augenmerk auf Autos richten, die rechts abbiegen wollen, dabei die eigene Fahrtrichtung verständlich anzeigen
- bei Dämmerung und Dunkelheit wie auch bei trübem Wetter möglichst auffallende oder lichtreflektierende Kleidung tragen
- an parkenden Fahrzeugen grundsätzlich langsam vorbeifahren und wenn möglich bis zu einem Meter Sicherheitsabstand halten: Immer damit rechnen, daß sich plötzlich die Autotür öffnet. Wenn sich der Radfahrer im »toten Winkel« des Autofahrers befindet, wird er von diesem nicht gesehen
- Ende oder Unterbrechung eines Radwegs kann leicht übersehen werden, daher ist auch hier besondere Vorsicht geboten
- Schlenker auf stark befahrenen Straßen vermeiden – der Radfahrer gefährdet sich und andere Verkehrsteilnehmer

- die Verkehrserziehung für Kinder sollte man nicht nur den Schulen oder bestimmten Organisationen überlassen, auch sonntägliche Ausfahrten oder ein Stadtbummel bieten sich dazu an
- wenn Sie sich als Fahrradfahrer nach den Verkehrsregeln richten, werden Sie von den anderen Verkehrsteilnehmern ernstgenommen
- und immer daran denken: Ein Fahrrad hat keine Knautschzone.

Verschiedenen Paragraphen der Straßenverkehrsordnung wie auch der Straßenverkehrszulassungsordnung sind einige Absätze hinzugefügt worden, die sich speziell auf den Radfahrer beziehen:

Vorgeschriebene lichttechnische Einrichtungen sind Lichtmaschine (Nennleistung 3 W), Scheinwerfer (Lampe) und Schlußleuchte (Rückstrahler), und nach neuesten Bestimmungen müssen Vorder- und Hinterrad mit mindestens je zwei einander gegenüberliegenden Speichenrückstrahlern versehen sein. Diese Einrichtungen müssen fest angebracht und ständig betriebsbereit sein. Ersatz für Speichenrückstrahler sind ringförmige retroreflektierende weiße Streifen an den Reifen. Von diesen Vorschriften befreit sind lediglich Rennräder während der Teilnahme an Rennen, jedoch nicht bei Trainingsfahrten.

Radfahrer müssen einzeln hintereinander fahren und dürfen nur dann nebeneinander fahren, wenn dadurch der Verkehr nicht behindert wird. Sie haben *rechte* Fahrwege zu benutzen, rechte Seitenstreifen dann, wenn keine Radwege vorhanden sind und Fußgänger nicht behindert werden. Linke Radwege dürfen sie nur benutzen, wenn diese für die Gegenrichtung freigegeben sind.

Radfahrer, die rechts oder links abbiegen wollen, müssen sich rechts von den Kraftfahrzeugen halten, die in der gleichen Richtung abbiegen wollen.

Personenbeförderung auf Fahrrädern:

Es dürfen nur Kinder unter sieben Jahren mitgenommen werden, und zwar nur von Personen, die mindestens 16 Jahre alt sind, und auch nur dann, wenn für die Kinder besondere Sitze vorhanden sind. Durch Radverkleidung oder eine ähnlich wirksame Vorrichtung muß dafür gesorgt sein, daß die Füße der Kinder nicht in die Speichen geraten.

Sonstige Pflichten eines Fahrzeugführers:

Radfahrer und Führer von Krafträdern dürfen sich nicht an Fahrzeuge anhängen. Sie dürfen nicht freihändig fahren. Die

Füße dürfen sie nur dann von den Pedalen oder Fußrasten nehmen, wenn der Straßenzustand das erfordert.

Fahren in Gruppen:
Mehr als 15 Radfahrer dürfen einen geschlossenen Verband bilden und dann zu zweit nebeneinander auf der Fahrbahn fahren. Der Führer hat dafür zu sorgen, daß die für geschlossene Verbände geltenden Vorschriften befolgt werden.

Verhalten bei Unfall:
Die Grundregeln lauten:
- sofort halten
- feststellen, was passiert ist
- Spuren sichern
- den Namen der Zeugen aufschreiben, wenn keine Polizei da ist
- auch wenn nicht genau feststeht, ob man selbst am Unfall beteiligt ist, am Unfallort bleiben
- keine Unfallspuren beseitigen, bis die Polizei alles aufgenommen hat.

Erste Hilfe bei kleinen Unfällen:
Auf längeren Touren sollte man eine kleine Reiseapotheke mitführen: Heftpflaster, Gaze (Gittertüll), Verbandmull, Desinfektionsmittel, Wundsalbe, Elastikbinde, Schere.

Schürfwunden müssen zu Hause gründlich gereinigt (unter der Dusche mit Seife), danach desinfiziert und eventuell mit Gaze und Verbandmull bedeckt werden. Im Sommer kann man sie an der Luft trocknen lassen. Um Blutergüssen vorzubeugen, steigt man bei kleinen Verletzungen am besten sofort wieder aufs Rad. Größere und tiefere Wunden muß der Arzt behandeln. Droht stärkerer Blutverlust, noch an der Unfallstelle die Wunde abbinden.

Empfohlen sei die aufmerksame Lektüre der Fibel »Erste Hilfe« des Deutschen Roten Kreuzes.

(Entnommen aus: »DJH-Wegweiser: Radwandern – gut vorbereiten«, Deutscher Wanderverlag, Stuttgart.)

1 Jugendherberge Kempten

Innerhalb der nördlich bis Augsburg und Ulm reichenden Fremdenverkehrsregion Allgäu-Bayerisch-Schwaben bestimmt die Kreisstadt Kempten (689–905 m) den Mittelpunkt des Allgäuer Kernlandes. Die schon von Kelten und Römern (»Cambodunum«) besiedelte Iller-Metropole zwischen Donau, Lech und Bodensee verbindet auch heute die landschaftlich durchaus verschiedenartigen Bezirke Ober- und Unterallgäu, Ost- und Westallgäu.

Der Urlauber aus dem Norden passiert per Bahn oder Auto zwischen Memmingen und Kempten bei Grönenbach das »Allgäuer Tor« (treffliche Namensgebung der Autobahnraststätte): Inmitten der hügeligen Endmoränenlandschaft des Alpenvorlandes öffnet mit einem Mal die Weite des Illertales den Blick zum gesamten Kranz der Allgäuer Alpen.

Und ringsum über dem Illertal locken sanfte Anhöhen zu kontrastreichen Spaziergängen und Wanderungen: Blender und Schwarzer Grat, Stoffel- und Hauchenberg, Hochgreut und Rottachberg, die Burgruinen Wolkenberg und Wagegg oder das Illersteilufer bei Altusried.

Der Modernisierung und Wohnraumsuche im Einzugsgebiet der Stadt zum Trotz prägen immer noch die typischen Allgäuer Bauernhöfe das Antlitz meist aussichtsreich gelegener Dörfer: Mariaberg, Ermengerst, Wiggensbach, Kimratshofen, Altus-

Jugendherberge Kempten   (Foto: DJH Archiv Landesverband Bayern e. V.)

27

ried, Reichholzried, Krugzell, Probstried, Haldenwang, Wildpoldsried, Betzigau, Sulzberg, Buchenberg...

Die **Jugendherberge Kempten** liegt unweit des Zentrums auf einer Iller-Anhöhe am südöstlichen Stadtrand. Ihr ist eine Himmelsbeobachtungsstation des Astronomie-Vereins angeschlossen, und ganz in der Nähe befindet sich der »Archäologische Park Cambodunum« – beides Hauptattraktionen für die Besucher der Jugendherberge.

Ausstattung Die Jugendherberge, Kategorie II, verfügt über 123 Betten, angeordnet in 6- bis 14-Bettzimmern. Für Begleiter stehen Einzel- und 2-Bettzimmer mit Waschgelegenheit zur Verfügung. Waschräume und WC befinden sich auf den Etagen. 2 Duschräume sind im Keller, 1 Speiseraum, 1 Aufenthaltsraum. Technische Einrichtung: Fernsehgerät.

Sport und Freizeit Großes Freigelände um das Haus. Volleyball, Federball, Tischtennis (2 Platten), Gesellschaftsspiele, Langlaufausrüstung, Sportplatz (ca. 5. Min. entfernt), Himmelsbeobachtungsstation, Minigolf, Frei- und Hallenbad, Eislaufhalle (von September bis Ende März).

Selbstverständlich bietet eine Stadt mit 60000 Einwohnern alle nur möglichen Sport- und Freizeiteinrichtungen wie Hallen- und Freischwimmbäder, Tennis, Minigolf, Reiten und auch Segelfliegen (Alpenrundflug!). Die Radwanderkarten Oberallgäu und die Unterallgäuer Radtourenkarte eröffnen dem Besucher ungeahnte Möglichkeiten (»Umweltticket« für Bahn und Bus).

Die Stadt Kempten gibt lobenswerterweise einen *Wegweiser und Wanderführer für Gehbehinderte* (Rollstuhlfahrer) heraus. Im Sommer werden für 7–14jährige Kinder kostenlose Stadtführungen veranstaltet (näheres beim Verkehrsamt, Rathausplatz 29). Für den Stadtbummel empfiehlt sich der kostenlose, anschaulich-bunte Faltprospekt mit Stadtplan zu den 13 interessantesten historischen Sehenswürdigkeiten (Alpenländische Galerie).

Außer den nachfolgend beschriebenen Wanderwegen kann man noch den neun Tagesetappen des *Oberallgäuer Rundwanderwegs* (Führer des Landratsamts Oberallgäu) links und rechts der Iller zwischen Grönenbach und Oberstdorf folgen.

Illertaler Höhepunkte
und ein Badesee auf 999 Meter

1.1 Wiggensbach – Blender – Eschacher Weiher – Buchenberg

Verkehrsmöglichkeiten Linienbusse von Kempten nach Wiggensbach und Buchenberg.

Wegmarkierungen Wanderwegweiser.

Tourenlänge 12 Kilometer.

Wanderzeit 4 Stunden.

Höhenunterschiede Insgesamt 500 Meter.

Wanderkarte 1:50000 Kompass-Wanderkarte Nr. 187.

Anmerkung Einfache Höhenwanderung, für die nicht einmal Bergschuhe benötigt werden; Badezeug nicht vergessen!

Wissenswertes Rund 10 Kilometer nordwestlich der Allgäu-Metropole Kempten liegt der Erholungsort Wiggensbach (856–1073 m) am Fuße des Blenders (1073 m) und nahe dem großen Waldgebiet der Kürnach in schöner Aussichtslage überm Illertal. Typische Allgäuer Bauernhäuser, eine prächtige Barockkirche mit schönen Kuppelfresken von F. J. Hermann (1772) und reicher Innendekoration und eine der raren kleinen *Besenkapellen* am Nordrand des Ortes (die geopferten Reisigbesen sollten gegen Furunkulose helfen) geben dem alten Markt im Ortskern heute noch sein eigenes Gepräge.

Ein Besuch der eigens für diesen Zweck eingerichteten Schaukäserei ist vor allem für nicht mit der alpenländischen Milchwirtschaft vertraute Kinder und Jugendliche überaus lohnend. Ebenso aussichtsreich wie Wiggensbach liegt Buchenberg über dem Illertal. Durch den Ort verlief bereits die alte Römerstraße Campodunum (Kempten) – Brigantium (Bregenz).

Tourenbeschreibung Nach dem (empfehlenswerten) Besuch der Schaukäserei und der (sehenswerten) Pfarrkirche des Marktes Wiggensbach halten wir uns ab der Bushaltestelle bei den dekorativen Gasthäusern der Ortsmitte an die Fahrstraße in Richtung Ermengerst. Noch vor Ortsausgang folgen wir rechts dem Straßen-Wegweiser nach Blenden. Auf steiler Dorfstraße aufwärts, dann links ab auf dem (für Kfz an Sonn- und Feiertagen gesperrten) Fahrweg.

Unübersehbar ragt der 115 Meter hohe Richtfunk-Sendemast auf dem Blender rechts vor uns auf. Wer möchte, kann dorthin auch den gut bezeichneten Wanderweg über Schmidsreute wählen und durch Wiesen und Wald zum Blender aufsteigen.

Falls der Autoverkehr nicht zu stark ist, ist es direkt kurzweiliger, dem leicht ansteigenden, aussichtsreichen Fahrweg zumindest bis kurz vor den Weiler Blenden zu folgen. Dort führt dann der bezeichnete Wanderpfad bis zum Fuß des Sendemastes auf der freien Wiesenkuppe des Blenders hinauf, etwas unterhalb des dicht bewaldeten Gipfels (1072 m; 1 Stunde).

Die Aussicht ist traumhaft: Zu unseren Füßen breitet sich das Illertal nördlich von Kempten bis hinauf nach Oberstdorf, gekrönt vom Allgäuer Hauptkamm (Hochvogel, Daumen, Nebelhorn, Krottenköpfe, Trettach und Mädelegabel, Hohes Licht und Biberkopf – um nur die wichtigsten Gipfel zu nennen). Nach Osten zu sehen wir über die Tannheimer und Ostallgäuer Berggipfel hinweg ins Ammergebirge und weiter bis zum Wettersteinmassiv mit der Zugspitze, Deutschlands höchstem Berg. Im Westen des Allgäuer Hauptkamms streicht die Nagelfluhkette weit hinab ins Westallgäu und zur Endmoränenlandschaft des schwäbischen Allgäus und hinüber nach Oberschwaben.

Vom Gipfel folgen wir den Wegspuren südlich hinab zu den einsehbaren Höfen von *Eschachberg*. Von dort auf dem Fahrweg hinab nach *Wegscheidel* (30 Minuten).

Rechts des Gasthauses wird die Fahrstraße Ermengerst – Oberkürnach geradewegs überquert, und dann leitet uns der für Autos gesperrte (Anlieger frei) Güterweg zur Pflaumenmühle (links; bis dorthin asphaltiert) hinüber und kurz hinauf nach *Eschach* (977 m; 30 Minuten).

Unmittelbar nach der Kirche rechts ab und kurz steil bergauf. An der nächsten Verzweigung wieder rechts, und beim obersten Bauernhof von *Eschach* führt uns ein fast ebener Güterweg durch die Wiesen links hinüber zum Parkplatz für die »Badefans« des *Eschacher Weihers* (999 m; 30 Minuten).

Der moorhaltige Badesee vor der Kulisse der Allgäuer Alpen ist in jeder Hinsicht der zweite Höhepunkt des heutigen Wandertages. Nichts wie hinab in die kühlenden Fluten – aber bitte unbedingt auf dem eingezäunten Fußweg bleiben!

Nach ausgiebigen Badefreuden (oder langer Rast bei trübem Wetter) ist der bezeichnete Wanderweg vom Südostufer des Sees hinab und hinüber zur einsehbaren Ortschaft *Buchenberg* nicht mehr zu verfehlen (950 m; 45 Minuten).

Mit dem Linienbus von der ebenfalls aussichtsreich über dem Illertal gelegenen Ortschaft zurück nach Kempten und zur Jugendherberge.

Vom Gebirgsfluß zum Badesee

1.2 Kempten-Hegge – Illerufer – Martins-zell – (Illerschleife – Martinszell) – Niedersonthofener See

Verkehrsmöglichkeiten Stadt-Linienbus-Verbindung Jugend-herberge – Alter Bahnhof – Waltenhofen – Hegge. Linienbus Martinszell-Oberdorf – Kempten. Bahnlinie Kempten – Immen-stadt mit Haltestellen Martinszell-Oberdorf und Seifen (nicht alle Züge halten dort!).
Wegmarkierungen Wegweiser.
Tourenlänge 13 Kilometer; 8 Kilometer zusätzlich für die Iller-schleife.
Wanderzeit 3 bzw. 4($\frac{1}{4}$) Stunden.
Wanderkarte 1:50000 Kompass-Wanderkarte Nr. 187.
Anmerkung Der Rundweg entlang der Illerschleife ist nicht nur als Bade-Alternative bei trübem Wetter gedacht, führt er doch zu einem der schönsten Abschnitte der Iller zwischen Kempten und Immenstadt!
Wissenswertes Wer kann sich vorstellen, daß der Lauf der 146 Kilometer langen Iller noch zu Beginn des vorigen Jahrhunderts rund 50 Kilometer länger war? Gerade dort, am Oberlauf der Il-ler zwischen Oberstdorf und Kempten, hatte der Fluß riesige Geröllschiebemassen der Hochgebirgsbäche Trettach, Stillach und Breitach abgelagert. Zahlreiche Seitenarme schlängelten sich um Kies- und Sandbänke, die zuweilen richtige Inseln bilde-ten. Am Ufer wuchsen urige Auwälder. Sumpfgebiete begleite-ten den damals noch mächtig breiten Lauf der Iller.

Im Zuge der Industrialisierung wurde der Fluß (wie übrigens fast alle Gewässer im Alpenraum) mit Durchstichen kanalisiert und durch Dämme befestigt – es galt, der »verschwenderischen« Natur Arbeits- und Wohnraum abzutrotzen. Dabei wurde aller-dings übersehen, daß sich bei einer Flußverschmälerung mit gleichbleibender Geröllzufuhr eine Erhöhung des Flußbettes er-gibt – die Folge war ein katastrophales Hochwasser am 15. 6. 1910!

Daraufhin wurden die Dämme noch mehr befestigt und, vor allem im Unterlauf, fand eine hohe Kiesausbeute statt. Dies be-wirkte wiederum eine Vertiefung des Bettes mit der Folge, daß sich die Fließgeschwindigkeit änderte. E-Werke entstanden an den Steilstufen, Sümpfe wurden trockengelegt – kurz, der Le-bensraum zahlreicher Tierarten ging verloren.

Der Oberlauf der Gebirgsbäche wurde durch kostenaufwendige Bachverbauungen reguliert, die Geröllzufuhr sollte unterbunden werden. So finden wir vielerorts im Gebirge statt uriger Wildbäche eintönig durch Betonschwellen gebändigte Gewässer – der Charakter des Alpenraums hat schwer gelitten.

Am Beispiel der Iller können wir also lehrbuchhaft beobachten, wie der Mensch beim Versuch, die Natur zu »bändigen«, Fehler gemacht und sie entstellt hat.

Beispielhaft ist allerdings auch der derzeitige (1990) Versuch des Wasserwirtschaftsamtes Kempten, im Seifener Becken (direkt im südlichen Anschluß der Illerschleife), auf einer Flußlänge von 6 Kilometern wieder einen breiten Auwaldgürtel samt verzweigten Seitenarmen herzustellen. In der Gemeinschaft des Auwaldes aus Weiden, Erlen, Eschen, Ulmen und Eichen sollen sich typische Kräuter und Blumen ebenso wie vom Aussterben bedrohte Brutvögel und Kriechtiere wieder ansiedeln können.

Kurskorrektur ist also wieder angesagt. »Renaturierung und Revitalisierung von Fließgewässern« lautet die auch andernorts zu hörende Devise. Nur Kosmetik? – Nein, Beispiele für eine ökologische Rückbesinnung kann es gar nicht genug geben...

Tourenbeschreibung Ab der Bushaltestelle in der Ortsmitte von Kempten-Hegge entlang der Industriestraße links der Kirche abwärts zum *Illerufer*. Direkt am Beginn des *Illersteges* (zwischen den Stauwehren) folgen wir rechts dem (unbezeichneten) zunächst schmalen Weg des Wasserwirtschaftsamtes flußaufwärts.

Nach dem oberen Stauwehr (E-Werk) unterqueren wir auf inzwischen breitem Güterweg die hohe Autobahnbrücke. Allmählich verebbt der Lärm von Stadt und Automobilen. Nur einmal noch dringt das Getöse einer Metallschrott-Verwertung unangenehm ins Ohr, doch dann nimmt uns endgültig die wohltuende Stille und Weite des grünen Illertales auf.

Während des Spaziergangs auf dem breiten Dammweg über den langgezogenen Windungen des behäbig dahinströmenden, gebändigten Gebirgsflusses läßt sich das unter Wissenswertes aufgeführte Geschehen lehrstückhaft nachvollziehen. Je weiter wir südwärts wandern, desto prächtiger zeigen sich die noch vorhandenen Auwald-Bestände, umso gewundener wird der Lauf der rund 40 Meter breiten Iller.

Nach knapp 1 Stunde passieren wir die (ausufernde) Ortschaft *Waltenhofen-Rauns*. Der Grünten (siehe Tour 3) und darunter die dunkle Silhouette des Rottachbergs rücken deutlich näher.

Weiterhin den Illerwindungen folgend, kommen wir nach knapp einer weiteren Stunde an zwei Baggerseen vorbei. Kurz

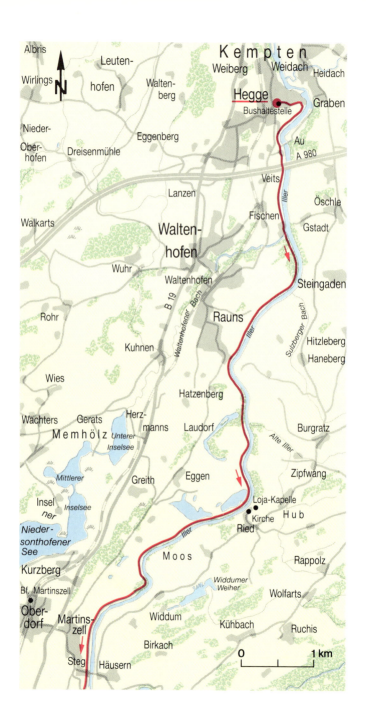

darauf sehen und hören wir sehr deutlich die Kiesentnahme und -verwertung der größten Allgäuer Straßenbaufirma – die Ökologie-Diskussion darf fortgesetzt werden.

Bald darauf tauchen am linken Illerufer, weit hinten in den Wiesen, die kleine Loja-Kapelle (römische Siedlungsfunde aus dem 1.–3. Jh.) auf und dann die mächtige Kirche von Ried.

Wenig später sehen wir dann über der Auenlandschaft rechts der Iller den markanten Kirchturm und die Ortschaft von *Martinszell;* entlang dem Dammweg brauchen wir noch gut 30 Minuten bis dorthin.

Etwa auf der Höhe der Ortschaft können sich »Badedurstige« unverzüglich auf den Abkürzer rechts hinauf nach Martinszell begeben. Links der Kirche geht es dann zur Fußgänger-Unterführung B 19 (Bushaltestelle!) und hinab nach *Oberdorf.* Stimmungsvoll blinkt dann der in die bewaldeten Abhänge des Stoffelbergs gebettete *Niedersonthofener See* vor uns. Kurz geradeaus, dann rechts haltend, am Bahnhof vorbei (Zugfahrplan studieren!), hinab zum großen Badeufer.

Wer das Badevergnügen noch um gut eine Stunde aufschieben kann, der folgt dem *Illerweg* noch ein kurzes Stück weiter bis zur alten Steinbrücke zwischen Martinszell und Häusern (links über die Brücke, durch die Ortschaft und noch ein kurzes Stück weiter auf der Fahrstraße – dann kann man auch von dort aus die im Wald versteckte und von der Illerschleife umschlossene *Burg Langenegg* ausfindig machen).

Der Weg zur Ruine und *Illerschleife* folgt kurz dem Fahrweg nach Martinszell und biegt dann links ab zur alten Martinszeller Mühle. Dort steigen wir links auf einem Fußpfad über der Iller aufwärts und kommen über Wiesen nach *Wolfen*. Ein kurzes Stück auf Teerstraße weiter zum *Hof Langenegg*. Davor wieder links und auf Wanderweg aufwärts zur *Burgruine Langenegg*. Eine Tafel erinnert daran, daß diese Burg im Bauernkrieg 1525 bezwungen wurde! Später diente sie dem Fürstlichen Stift Kempten als Zucht- und Arbeitshaus. Sie erinnert auch daran, daß dort Anna Schwegelin, die letzte »Hexe« Deutschlands, gefangen gehalten wurde, bevor sie 1775 in Kempten enthauptet wurde...

Von der Burgruine östlich hoch über dem Steilufer der malerischen *Illerschleife* auf Wanderweg abwärts, südlich entlang der Schleife und zuletzt nördlich über den *Weiler Sondert* zurück zur alten Mühle und hinauf nach *Martinszell* (1¼ Stunden).

»Zum Wächter des Allgäus«

1.3 Burgberg – Grünten – Burgberg

Verkehrsmöglichkeiten Bahnlinie Kempten – Sonthofen. Bus von Sonthofen nach Burgberg.
Parkmöglichkeiten Parkplatz oberhalb von Burgberg am Fuße des Grünten.
Wegmarkierungen Rot; Wegweiser.
Tourenlänge 8 Kilometer.
Wanderzeit 4 Stunden.
Höhenunterschiede Insgesamt 1000 Meter.
Wanderkarte 1:50000 Kompass-Wanderkarte Nr. 3.
Anmerkung Der Grünten als »Wächter des Allgäus« war wegen seiner umfassenden Einblicke in die Allgäuer Alpen auch für den Ortskundigen immer wieder ein Erlebnis. Übersichtskarte, evtl. Panoramakarte mitnehmen! (Siehe Tourenbeschreibung).
Wissenswertes *Burgberg* am Fuß des Grünten ist Sitz der »Jugendausbildungsstätte (JAS) des Deutschen Alpenvereins (DAV)«. Kletter- und Skitourenkurse, Wildwasserfahrten und

workshops genügten spätestens seit der »Alpen-Katastrophen-kartierung« des DAV von 1985 nicht mehr, das Ideal sinnvoller Freizeitgestaltung zu erfüllen. Mit der seitdem jährlich unter fachkundiger Anleitung durchgeführten »Umweltbaustelle Hangschutz« versuchen Jugendliche aus der gesamten BRD mit Pickel und Schaufel im mühsamen Steilgelände die Talortschaften, wie z. B. Wagneritz, vor Muren- und Lawinenabgängen zu schützen: Über 20 000 junge Bäume wurden innerhalb von 5 Jahren am Grünten gepflanzt. 1990 wurde die JDAV Burgberg dafür mit dem mit 10 000 DM dotierten Umweltpreis der Bayerischen Landesstiftung ausgezeichnet. JAS ab 1993 in Hindelang.

In diesem Zusammenhang sei auf die Aktion »Saubere Bergwelt« des Allgäuers Roland Braun aus Sulzberg hingewiesen: Er organsiert seit 1984 jährlich die »Vergabe« von 50 Gebieten im Alpenraum an Schulklassen und freiwillige Helfer, um per (kostenlosen) Müllsäcken die Berge von den Hinterlassenschaften unbedachter Wanderer zu säubern. Die Aktion wird auch im gesamten Bundesgebiet durchgeführt. Interessenten können sich bei ihm melden in Eizisried 6, D-8961 Sulzberg/Allgäu. – *Grüntenhaus*, 1535 Meter, 1852 erbaut. Diesem gleichzeitigen Vorläufer der alpinen Schutzhütte folgte nur zwei Jahre später die erste offizielle: Das Waltenberger Haus am Fuß der Mädelegabel.

Tourenbeschreibung In *Burgberg* entlang der *Grüntenstraße* aufwärts. Über dem höchsten Punkt der Ortschaft steil ansteigend auf der Teerstraße weiter, bis nach etwa 1,5 Kilometern bei einem *alleinstehenden Baum* an der linken Straßenseite der Wegweiser zum Grüntenhaus links zeigt.

Wir queren auf Fußpfad die Wiese und steigen durch schattigen Hochwald aufwärts zum *Wustbach*. Wer mit dem Linienbus ankommt, geht von der *Ortsmitte* zur *Kapelle*. Kurz davor links auf Wanderpfad in den *Wald* und steil aufwärts. Entlang dem breiten Einschnitt des *Wustbaches* weiter steil hinauf, bis wir auf den vom Parkplatz kommenden Weg stoßen. Die würzige Waldluft, das Läuten der Kuhschellen und die Ausblicke über den Blaichacher Baggersee ins Gunzesrieder Tal lassen einen gern mal »verschnaufen«. Zeit lassen!

Der *Bach* wird dreimal überquert. Dann verlassen wir die dichte Waldregion und kommen durch ein *Viehgatter* auf die Alpweiden zwischen Burgberger Hörnle (links) und Stuhlwand (rechts).

Unser markierter Weiterweg über die *Hochweide* dauert nur noch 20 Minuten bis zum *Grüntenhaus*. Schon bald sehen wir den *Grünten* mit Fernsehsender vor uns aufragen. Rückblickend

Übelhorn

Whs. Fernsehsender

Grünten

Grüntenhaus

Kreuzelspitz

Kehralpe

Wustbach

Whs.
Alpenblick

Starzlach

P

BURGBERG

```
0      0,5      1              2 km
```

genießt man jetzt bereits die schöne Impression des Illertals mit
den Oberstdorfer Bergen, dem Gottesackerplateau und der
Hörnergruppe. Das *Grüntenhaus* (1535 m) bietet Einkehrmöglichkeit. Rechts vom Haus führt der Direktweg nach *Burgberg*
zu einer Einsattelung hinauf und von dort gemeinsam mit unserem Abstiegsweg ins Tal. Zu unserem Ziel, dem *Grüntengipfel*
(Kriegerdenkmal) steigen wir vom *Grüntenhaus* links die Wiesenhänge hinauf, dann in einem Rechtsbogen durch Bewaldung
aufwärts zum *Sender (Restaurant)*. Daran vorbei hinauf zum
Kriegerdenkmal auf dem Gipfel (1720 m) (½ Stunde).

Die berühmte Rundsicht des *Grünten* führt uns das gesamte
Allgäu zwischen Bodensee und Lech wie eine Reliefkarte vor
Augen: Bis zum Lech hin ragen die Zacken und Grate der ge-
waltigen Felsmauer des Allgäuer Hauptkamms: Vom Biberkopf
(südlichster Gipfel Deutschlands) erstreckt er sich nordöstlich
über Hohes Licht und Mädelegabel zum Großen Krottenkopf
(2657 m; höchster Allgäuer Gipfel), und weiter bis zur March-
spitze und Urbeleskarspitze direkt über dem Lechtal.

Am großen Krottenkopf teilt sich der Hauptkamm mit der
»Schwarzwassertalkette« von Norden nach Süden über Kreuz-
und Rauheck und die Wilden-Gruppe bis zum Hochvogel. Dort
setzt sich der Hauptkamm über Glasfelder- und Lahnerskopf,

Kugel-, Rauh- und Geißhorn bis zum Ponten und Bschießer fort und fällt schließlich mit Iseler und Sorgschrofen ins Voralpenland ab.

Vom Großen Wilden zieht sich ein eigener Kamm in nördlicher Richtung über Schneck, Nebelhorn und Daumengruppe zum Ostrachtal.

Höfats, Wildengundkette und Schafalpenköpfe schenken dem Bergland hinter Oberstdorf seine schönen Täler. Das durch die Schafalpenköpfe von Oberstdorf getrennte Kleinwalsertal (höchstes Tal der Allgäuer Alpen, zu Österreich gehörend) grenzt mit dem Widderstein noch ans Lechtal und fällt gleichzeitig mit dem Gemstelpaß vom Illertal ins Bregenzer Achtal ab. Die anschließenden Berge des Bregenzer Waldes erreichen im Südwesten das breite Bodenseebecken und gehen fast unmerklich in die Schweizer Berge über, während die vorgelagerte, niedrige Nagelfluhkette in Richtung Bodensee zu, immer flacher werdend, verebbt.

Das lediglich als Hinweis und kleinen Anhaltspunkt für genaues Kartenstudium. Es bleibt dann »nur« noch zu erwähnen, daß vom Grüntengipfel aus im Osten auch noch die Ammerwald- und Tannheimer Berge sowie die Zugspitze zu sehen sind. Und daß im Westen die weißen Gipfel der Schesaplana und des Säntis bis zu uns herüberschimmern... Abstieg vom *Grünten:* Zurück zum *Gipfel-Rasthaus.* Von dort links zum *Grat* und auf

Silberdistel   (Foto: Ulrich Schnabel)

diesem entlang durch vielfältige Alpenflora leicht abwärts, bis der Weg vom Grüntenhaus rechts einmündet (10 Minuten). Nicht vorher abkürzen – jähe Felsabstürze! Dann links auf bezeichnetem Wanderweg, erst durch Wald und dann durch Bergwiesen hinab ins *Starzlach-Tal,* das jenseits am Tiefenbacher Eck und Wertacher Hörnle von reichem Waldbestand gekennzeichnet ist. Bei der *Kehralpe* (1000 m, 1 Stunde) erreichen wir die *Teerstraße* – rechts abwärts und über den *Gasthof Alpenblick* (Einkehrmöglichkeit) nach *Burgberg* (751 m, 1½ Stunden).

1.4 Radwege-Rundtour »Zum Illerdurchbruch«

Jugendherberge – Memminger Straße über die Rottach – Heiligkreuz – Kollerbach – Mollenmühle – Depsried – Gansmühle – Altusried – Flößerstraße – Fischers – per Fähre über die Iller (beim Bauernhof fragen) und hinauf nach Sachsenried – Sachsenrieder Weiher – Reichholzried – Dietmannsried (Gefällstrecke) – Lauben – Hinwang – entlang der Iller nach Hirschdorf (über die Iller) und zurück zur Jugendherberge (40 km; Radwanderkarte Oberallgäu).

2 Jugendherberge Füssen

Schroffe Felsgipfel, Märchenschlösser und eine in sanfte, grüne Anhöhen gebettete, weite Seenlandschaft, die zusammen so groß ist wie der Bodensee – idyllisch präsentiert sich das Ostallgäu.

Am Fuße des bis Garmisch-Partenkirchen reichenden Ammergebirges thronen über dem Kneippkurort Füssen, über dem ungestümen Lech und den sanften Seen die malerischen Schlösser des »Märchenkönigs« Ludwig II., Neuschwanstein und Hohenschwangau.

Diese Prunkschlösser *im echten Stil der deutschen Ritterburgen* sind die Hauptattraktion der jährlich bis zu 1,5 Mio. Besucher der *Königsecke*. Dies bringt enorme Verkehrsbelastung für das gesamte Ostallgäu mit sich. Lösungen sind (noch lange?) nicht in Sicht. – Es wäre doch angemessen »märchenhaft«, wenn (nicht nur) diese Erholungsregion rigoros zumindest für die Autos der Urlaubsreisenden gesperrt würde...

Bergwandern und Klettern, Drachenfliegen und Surfen, Radeln und Baden, Kuren und Erholen, Kunst und Kultur – all dies ließe sich doch wesentlich ruhiger und bewußter erleben, gäbe es dazu komfortable Pendelbusse, Sammeltaxis, Pferdedroschken und überall Fahrradverleih mit Rückgabestationen. Zukunftsvision?

Derweil wird sich der Besucher dennoch nach den ausgedehnten Wanderungen zu Säuling und Tegelberg, Ammergebirge

Jugendherberge Füssen   (Foto: DJH, Archiv Landesverband Bayern e. V.)

Tegelberghaus (Foto: Verkehrsamt Schwangau)

und den Tannheimer Bergen am Weißensee und Hopfensee, am Alpsee, Bannwaldsee und dem mächtig groß gestauten Forggensee ausruhen.

Übrigens reicht das Ostallgäu westlich über Pfronten und Nesselwang bis zum Grüntensee und zur Wertach, östlich folgt die »Grenze« zu Oberbayern dem Lauf des Lech in Richtung Landsberg. Nördlich gehören Seeg, Marktoberdorf, Obergünzburg und die Kreisstadt Kaufbeuren noch zum Ostallgäu, dann verwischt sich allmählich der Übergang ins Unterallgäu mit Landsberg, Mindelheim und Memmingen.

Die **Jugendherberge Füssen** liegt am westlichen Ortsrand, 10 Minuten vom Bahnhof entfernt und abseits des Durchgangsverkehrs, der sich durch Füssen quält. Die Jugendherberge, Kategorie IV, kann 134 Personen aufnehmen und verfügt dazu über 2- bis 6-Bettzimmer, 1 Speiseraum, 2 Aufenthaltsräume, Tischtennis- und Freizeitraum. Große Spielwiese und Tischtennis im Freien.

Selbstverständlich bietet ein so berühmter Kneippkurort wie Füssen samt dem heilklimatischen Kurort Schwangau alle nur denkbaren Sport- und Freizeiteinrichtungen. Außer zu den beiden Königsschlössern gibt es auch Stadtführungen sowie Führungen durch die Stiftskirche St. Mang; und ein Bummel durch

die von prächtigen Giebelhäusern und den Toren der Stadtmauer geschmückte mittelalterliche Stadt am Fuße des Hohen
Schlosses ist ganz einfach ein Erlebnis.

Zum Segeln und Surfen lädt der nahe Forggensee samt Li-
nienschiffahrt und Bootsverleih. Vom Tegelberg über der Stadt
starten die Drachenflieger (Europa- und Weltmeisterschaften),
im Sommer und im Winter kann dank Seilbahn und Liftanlagen
ins Tal gewedelt werden (Kinderskigarten, Kinderskikurse).

Um den *Haussee* führt der markierte, 32 Kilometer lange
Forggensee-Radrundweg, der sich anschließend im Norden noch
mit dem 78 Kilometer langen »Dampflok-Rundweg« bis Marktoberdorf und Kaufbeuren verbinden läßt – der Radler folgt dabei den umgewandelten Trassen alter Eisenbahnlinien...

Alpenlehrpfad Tegelberg

2.1 Hohenschwangau – Tegelberg – Bleckenau – Marienbrücke – Pöllatschlucht – Hohenschwangau

Verkehrsmöglichkeiten Bus von Füssen nach Hohenschwangau und zur Talstation der Tegelbergbahn. Seilbahn auf den Tegelberg. Kleinbus von der Bleckenau nach Hohenschwangau
und zur Talstation.

Parkmöglichkeiten An der Talstation der Tegelbergbahn und
in Hohenschwangau.

Wegmarkierungen Rot; Wanderwegweiser.

Tourenlänge 6½ Kilometer bis Bleckenau; 10 bzw. 12 Kilometer bis zur Talstation.

Tourenlänge 3½ bis 4 Stunden.

Höhenunterschiede Insgesamt 550 Meter Abstieg bis Bleckenau, 900 Meter Abstieg bis Hohenschwangau.

Wanderkarte 1 : 50000 Kompass-Wanderkarte Nr. 4.

Wissenswertes *Hohenschwangau* wurde 1833–1837 als Sommersitz des bayerischen Kronprinzen Maximilian errichtet,
Schloßhotel, Schloß-Restaurant. *Neuschwanstein* wurde von König Ludwig II. (ab 1868) hoch über der Pöllatschlucht erbaut,
ganz »im echten Stil der alten deutschen Ritterburgen«. Das
Schloß fasziniert auch von außen (Standort »Marienbrücke«),
wenn man den jährlich fast eine Million zählenden Besuchern
ausweichen möchte, die geduldig Schlange stehen, bis sie zur
Führung durch Thronsaal und Sängersaal an die Reihe kommen.

Bleckenau-Ebene (1200 m), umgeben von Säuling, Hohem Straußberg und Schlagstein, ist Ausgangspunkt für Wanderungen. Stützpunkte sind die Fritz-Putz-Hütte (nur AV-Mitgliedern zugänglich), und das ehemalige königliche Jagdhaus Bleckenau, heute eine moderne Berggaststätte und Skihütte.

Tourenbeschreibung Schon während der *Auffahrt mit der Tegelbergbahn* wird die Aussicht auf die Ostallgäuer Seenplatte immer umfassender, und auf der Bergstation kommt dazu noch der weite Rundblick von der Zugspitze bis in die Ötztaler und Lechtaler Alpen und zur Tannheimer Gruppe. Von der *Bergstation* (Panorama-Gaststätte) folgen wir dem beschilderten *Reitweg* hinab in die *Bleckenau*. Schon nach wenigen Schritten beginnen die Tafeln des *Alpenlehrpfads,* für deren Erläuterungen über Gebirgsauffaltung und Erosionsentstehung, über Flora und Fauna der Alpenregion wir uns ausgiebig Zeit lassen können, bis wir an die gemütlichen und aussichtsreichen Rastplätze am *Branderfleck* kommen (20 Minuten Gehzeit).

Vom *Branderfleck* führt uns der *Lehrpfad* rechts in *breiten Serpentinen* abwärts. Die hier besonds ausgeprägte Berg-Mischbewaldung wird in ihrem Verbund ebenso wie anhand einzelner Objekte ausführlich erklärt und beschrieben. Nach fast zweistündiger Wanderung passieren wir die *Ahornhütte* (Forstdiensthütte), und bald darauf endet der *Lehrpfad* im reinen Forstnutzungwald: Der Anblick der dünnstämmigen Fichten unterstreicht geradezu das zuvor gewonnene Verständnis für ursprünglich gewachsenen Bergwald! Ein *Forstweg* bringt uns in 20 Minuten hinab zur *geteerten Fahrstraße* von *Hohenschwangau* zur *Bleckenau* (für den öffentlichen Verkehr gesperrt). Auf der *Straße* dauert der Weg zu Fuß etwa 45 Minuten bis *Hohenschwangau*. Schöner, dafür aber länger, ist der Rückweg über die *Bleckenau* und entlang des *Brunnenstubenwegs:* An der *Fahrstraße* links und in 15 Minuten leicht bergan bis zur *Gaststätte Bleckenau* (ehemaliges Jagdhaus von König Max II., heute Unterkunftshaus. Busverbindung zum Ausgangspunkt).

Kurz vor der *Gaststätte* zweigt bereits unser Weiterweg über die *Pöllatbrücke* zu einem *Holzabfuhrweg* ab, der uns entlang des bewaldeten *Säulingfußes* zurück nach *Hohenschwangau* leitet: Ein kurzes Stück geht es bergauf, dann ist fast die ganze Wegstrecke eben, bis wir in einem kurzen Steilabstieg die *Blekkenau-Fahrstraße* wieder erreichen (¾ Stunde). Hier sollte man nicht versäumen (wer's noch nicht kennt), die paar Meter auf der *Fahrstraße* nach rechts zu gehen, um das berühmte Panorama von der fast 100 Meter hohen *Marienbrücke* auf Schloß Neuschwanstein auf sich wirken zu lassen.

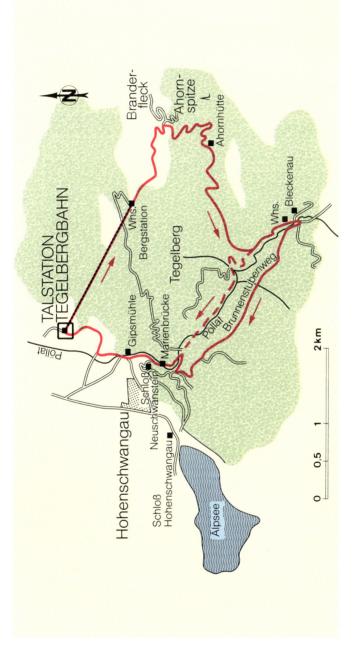

N

Brander-
fleck

Ahorn-
spitze

Ahornhütte

Bleckenau

Whs.
Bergstation

Whs.

Tegelberg

TALSTATION
TEGELBERGBAHN

Brunnenstubenweg

Gipsmühle

Marienbrücke

Pöllat

Pöllat

Schloß
Neuschwanstein

Hohenschwangau

Schloß
Hohenschwangau

Alpsee

2 km

1

0,5

0

Von der *Marienbrücke* kommen wir auf dem *Fußweg Nr. 36* in wenigen Minuten hinab zum *Aussichtspunkt Jugend:* Über dem türkisfarbenen Alpsee »thront« Schloß Hohenschwangau vor dem Hintergrund der Tannheimer und Oberallgäuer Bergkulisse. Weiter auf dem *geteerten Weg* abwärts, bis der *Weg Nr. 33* in die *Pöllatschlucht* hinabführt. Auf breitem *Steg* wandern wir dann durch die wilde *Klamm der Pöllat* bis zum *Schluchtausgang* (25 Minuten). Hinter dem alleinstehenden alten Hof, der *Gipsmühle*, rechts und auf beschildertem *Wald- und Wiesenweg* zur *Talstation der Tegelbergbahn* (20 Minuten).

Burgruine mit Berg- und Seeblick

2.2 (Füssen) – Pfronten-Meilingen – Burgruine Falkenstein – Zirmgrat – Salober – Alatsee – Füssen

Verkehrsmöglichkeiten Linienbus Füssen – Pfronten.
Wegmarkierungen Wanderwegweiser.
Tourenlänge 12 Kilometer.
Wanderzeit 3½ Stunden.
Höhenunterschiede Insgesamt 400 Meter.
Wanderkarte 1:50000 Kompass-Wanderkarte Nr. 4.
Anmerkung Ausdauernde Wanderer können auch zu Fuß bis Pfronten wandern. Dazu am besten: Jugendherberge – Mariahilfer Weg – Sonnenstraße – Kobelstraße – Kobel-Wanderweg zum und am Südufer des Weißensees entlang – etwa 1 Kilometer auf der Fahrstraße bis Roßmoos – links über Benken bis Pfronten – Meilingen (etwa 3 Stunden).
Wissenswertes *Füssen* am Austritt des Lech aus den Alpen, erste Siedlungsspuren schon 9000 v. Chr. nachgewiesen. 46–47 n. Chr. bauten die Römer unter Kaiser Claudius den alten Fußpfad über den Reschen- und Fernpaß zur strategischen Straße aus. Noch älter und am Südosthang des Schloßbergs gelegen, ist das St.-Mang-Kloster, dessen Gründung auf den Apostel Magnus im 8. Jahrhundert zurückgeht. In der St.-Mang-Kirche wurde 1950 ein etwa 1000 Jahre altes Bild der Mönche Magnus und Gallus freigelegt. Alljährlich Fürstensaal-Konzerte. *Füssen-Bad Faulenbach* ist Kneipp-Kurort, durch Mineral- und Moorbad ausgewiesen und verfügt auch sonst über alle Einrichtungen (Haus des Gastes, zwei Eishallen, Tennishalle, Berg- und Wanderführungen), die seine dominierende Bedeutung fürs Ostall-

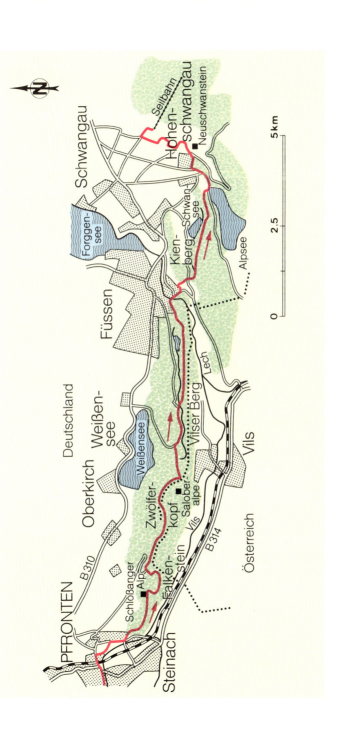

gäu am Schnittpunkt der Romantischen Straße und der Deutschen Alpenstraße unterstreichen.

Pfronten (ad frontem?) und Füssen (Foetibus?) sind sich uneinig, wem von beiden die Ehre des ehedem bedeutenden befestigten Römerlagers vor den Alpen eigentlich zukommt. Fest steht jedenfalls, daß die Orte zusammen mit Nesselwang (seit der Zeit der Karolinger, als die ersten Urkunden entstanden) im Keltensteingau lagen. Dieser wurde – im Gegensatz zum Nibelsteingau und zum Argengau – den vorliegenden Quellen zufolge offenbar nie in Verbindung mit dem Albgau erwähnt. Daher wurde das heutige Ostallgäu auch von den ersten Anfängen eines »Ur-Allgäus« an bis 1525 nicht in den Landschaftsbegriff »Allgäu« einbezogen. Erst seit und nach dem Bauernkrieg nannte sich alles Land, in dem das Einödhof- und Weilersystem vorherrschte und die Viehzucht gegenüber dem Ackerbau überwog, mit einem Mal »Allgäu«. *Pfronten-Ried* ist das Zentrum des aus 13 Orsteilen bestehenden Höhenluftkurorts und Wintersportplatzes. Pfrontener Keramik in der Meilinger Werkstätte. Kurse in Bauernmalerei. Im Ortsteil Berg steht auf einer Anhöhe die Pfarrkirche St. Nikolaus (1687). In *Pfronten-Kappel* St. Martinskirchlein mit Turm aus dem 15. Jahrhundert; Tennisplätze gibt es in *Kappel* und ein Freilichtmuseum in Meilingen, Kurpark und Kunsteisstadion in *Heitlern,* wo auch die St.-Leonhard-Kirche mit Hochaltar von Peter Hell (1737) steht. In *Steinach* die St.-Michael-Kirche (1655) und ein Alpenblumengarten jenseits der Ach. Oberhalb Meilingen am Berghang das Alpenbad Pfronten (Hallenbad, beheizte Freibäder, Solarium, Kegelbahnen, Café, Restaurant, Bibliothek und Leseräume). Talstation der Breitenbergbahn und somit Ausgangspunkt für Wanderungen zum Aggenstein und Füssener Jöchl. Im Winter Ski-Zentrum mit 4 Liften. 7,5 Kilometer Abfahrten und FIS-Weltcup-Strecke.

Ruine-Falkenstein – höchstgelegene Burgruine in Deutschland (1277 m). An diesem »schönsten Punkt Bayerns« wollte Ludwig II. ein zweites Neuschwanstein errichten. Schloß Neuschwanstein, das Märchenschloß König Ludwig II., und Schloß Hohenschwangau (1833–1837 als Sommersitz des bayerischen Kronprinzen Maximilian errichtet) bei Füssen.

Tourenbeschreibung In Pfronten-Meilingen entlang der Meilinger Straße zum Alpenbad (¼ Stunde). Von dort auf ansteigender Teerstraße bis zum *Waldparkplatz Falkenstein.* Rechts Aufstieg über »Schloßangeralpe« (Berggasthof) zur *Burgruine* (1277 m; 3,5 km; 50 Minuten). Mehrere Aussichtspunkte mit umfassendem Panorama: Zurück zum Tal der Vils, zu den Tannheimer Bergen und, unterbrochen vom *Zirmengrat*, bis nach Füssen.

Auf der Fahrstraße nach Pfronten etwa 600 Meter hinab, bis rechts der Waldweg zum *Zirmengrat* (40 Minuten) abzweigt. Der mitunter steile Weg bietet Ruhebänke und flüchtige Ausblicke, bis er am *Salobersattel* mit dem sogenannten *Vier-Seen-Blick* seinen Höhepunkt erreicht. Die Sicht auf Weißen-, Hopfen-, Forggen- und Bannwaldsee lohnt die kleine Mühe.

Kurzer Abstieg zur österreichischen Saloberalpe und kurz davor in einer Linkskehre auf ungeteerter Fahrstraße hinab zum bewaldeten, grünschimmernden *Alatsee*. Am linken Ufer entlang den See umrunden, dann rechts auf Teerstraße zum *Alatseehotel*, noch 500 Meter weiter.

Dann aufs rechte *Faulenbachufer* und über Vita-Parcours-Trimmpfad bequem auf der rechten Seite der Badeseen und des Tennisplatzes direkt zum *Schwärzenweg;* 200 Meter auf diesem entlang zum *Ländeweg*. Am *Lechfall* wird der tosende Fluß auf dem *Maxsteg* überquert und *Füssen* erreicht.

Zum Säuling, dem Grenzwächter des Lechtals

2.3 Füssen – Schwansee – Alpsee – Säulinghaus – Pflach – (Füssen)

Verkehrsmöglichkeiten Bus von Füssen zum Ortsteil Alterschrofen oder bis Hohenschwangau; Bus von Pflach nach Füssen.

Parkmöglichkeiten In Füssen; Parkplatz im Wald, wenn man (von Füssen kommend) in Alterschrofen rechts abbiegt; in Hohenschwangau gebührenpflichtig, bewacht.

Wegmarkierungen Rot; Wanderwegweiser.

Tourenlänge 11 Kilometer.

Wanderzeit 5½ Stunden.

Höhenunterschiede Insgesamt 950 Meter im Anstieg, 900 Meter im Abstieg.

Wanderkarte 1:50000 Kompass-Wanderkarte Nr. 4.

Wissenswertes *Säulinghaus* (1720 m) wird vom Touristenverein Naturfreunde bewirtschaftet, bietet Übernachtung für 70 Personen, geöffnet vom 15. 5 bis 15. 10.

Die Vielfalt der Gesteinsarten der *Lechtaler Alpen* ermöglicht einen Pflanzenwuchs, wie er vielleicht nur noch im Allgäu anzutreffen ist. Eine der wertvollsten Blumen ist der Frauenschuh

Schloß Hohenschwangau (Foto: Verkehrsamt Schwangau)

(heimische Orchidee). Die Pflanze wächst auf Kalkboden, wurde aber auch schon auf freien, schattigen Hängen gefunden. Der keimende Samen benötigt 28 Jahre, bis er zur Blüte reift.

Tourenbeschreibung Vom *Parkplatz* zwischen *Alterschrofen* und dem *Schwansee* auf dem für Fußgänger bezeichneten schattigen Waldweg zum *Ufer des Schwansees*. Am Ufer nach links (oder rechtsufrig um den See herum) und den Wegweiser zum *Fischersteig (Weg Nr. 49)* aufsuchen. Diesen Waldweg in Serpentinen hinauf und oben weiter in Richtung *Hohenschwangau* (nicht zur Ruine Frauenstein!). Oberhalb des türkisleuchtenden *Alpsees* (20 Minuten) abwärts zum *Norduferer*. An der *anderen Uferseite* am *Gasthof »Alpenrose«* auf geteertem *Zugweg* etwa 100 Meter aufwärts, bis 20 Meter nach der Fahrstraße zur Blekkenau der Fußweg zum selben Ziel rechts abbiegt. In Serpentinen geht es weiter auf ungeteerter Forststraße durch schönen Mischwald aufwärts, mit wechselnden Ausblicken durch die Lichtung auf Alpsee und Forggensee, zum Kienberg und Schwarzenberg.

Nach etwa 25 Minuten wird die »Marienbrücke« erreicht: Jetzt an der geteerten *Bleckenau-Fahrstraße* rechts halten und den *Weg Nr. 211 zum Säuling* und *Pilgerschrofen* einschlagen (Wegweiser). Nach fünf Minuten Weggabelung: Der »Brunnenstubenweg« führt eben weiter zur Bleckenau; wir wandern jedoch rechts aufwärts.

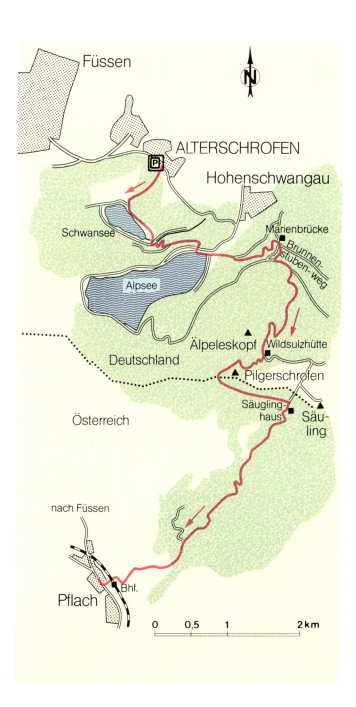

Füssen

ALTERSCHROFEN

Hohenschwangau

N

Schwansee

Marienbrücke

Brunnen-
stuben-
weg

Alpsee

Älpeleskopf

Wildsulzhütte

Deutschland

Pilgerschrofen

Österreich

Säugling-
haus

Säu-
ling

nach Füssen

Pflach

Bhf.

0   0,5   1   2 km

Während des weiteren Anstiegs entlang der *Forststraße* bemerkenswerte Ausblicke in die endlosen Wälder der Bleckenau und des Ammergebirges.

Nach etwa einer ¾ Stunde zweigt in einer *Wiesenmulde,* der *»Älpeleswiese«,* der *Fußpfad zum Säulinghaus* rechts ab.

Durch lichte Bewaldung erreichen wir in zwei Serpentinen nach einer weiteren halben Stunde die *Wildsulzhütte* (Diensthütte der Grenzpolizei). Von der Hütte nicht links den Aufstieg zum Säuling-Gipfel wählen, sondern halbrechts durch *Wald* aufwärts.

So umwandern wir den Gipfel des Pilgerschrofens und stehen nach einer halben Stunde steilen Zick-Zack-Anstiegs durch den Wald auf einer beeindruckenden *Aussichtsplattform:* Tief unten der türkisfarbene Alpsee, das satte Blau des Schwansees, das zum Ufer hin verlandende hellblaue Gewässer des Forggensees und der dunkle Hopfensee – dazu im Hintergrund die Pfrontener Berge – ein Anblick von einmaliger Schönheit.

Auf dem breiten, ungefährlichen *Felsband* kurz abwärts. Dann nimmt uns weicher und duftiger Waldboden auf, und wir passieren die bayerisch-österreichische Grenze (links Aufstieg zum Pilgerschrofen – nur für Geübte!).

Noch eine Stunde dauert unser nicht zu verfehlender Weiterweg zum *Säulinghaus:* Erst durch Bewaldung ansteigend, dann wieder auf Felspfad mit weiter Sicht ins Österreichische Lechtal. Dabei vermittelt uns der Lechtalkessel um Reutte geradezu lehrstückhaft den Verlauf des ehemaligen Lechgletschers, der in der Ebene bei Füssen seine Endmoräne absetzte und die Ostallgäuer Seenplatte als kostbares Kleinod hinterließ...

Noch eine halbe Stunde in leichtem Anstieg zum *Säulinghaus.* Vom *Säulinghaus* (1720 m) Abstieg nach *Pflach* auf dem *Säulingweg:* In Serpentinen hinab zum beginnenden Hochwald und durch diesen steil, aber kaum anstrengend, bis mit der Waldregion auch die Steigung abnimmt und wir über sonnige Bergwiesen das breite *Lechtal* erreichen (1½ Stunden). An einer *Wildfütterung* leitet ein geteerter Feldweg zur Brücke über die neue Autobahn und bei einem kleinen Feldkreuz führt halbrechts eine Pfadspur durch die Wiesen zum *Bahnhof in Pflach* (1¼ Stunde).

2.4 Radwege-Rundtour
»Rund um den Forggensee«

Jugendherberge – Rieden – Dietringen – Roßhaupten – Illas-
bergsee – Kühmoossee – Greith – Vogelberg – Waltenhofen –
Jugendherberge Füssen (31 km auf durchgehend markiertem
Radwanderweg; Kompass-Wanderkarte Nr. 4, 179).

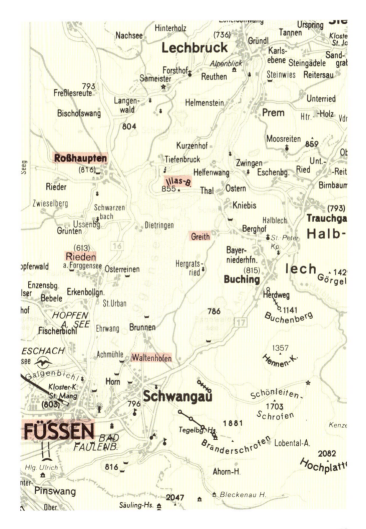

3 Jugendherberge
Oberstdorf-Kornau

Unverwechselbar prägt die Längsfurche des Illertales das Oberallgäu zwischen Kempten und Oberstdorf. Der Hauptkamm der Allgäuer Hochalpen (höchster Berg ist der Große Krottenkopf mit 2657 m) umrundet im Süden den weiten Talkessel mit dem heilklimatischen Kur- und Kneippkurort Oberstdorf (815 m).

Im Schnittpunkt von sechs seit der Bronzezeit besiedelten Bergtälern gelegen, beherbergt Oberstdorf mit seinen Ortsteilen Rubi, Reichenbach, Schöllang, Tiefenbach und Kornau heute über zwei Millionen Gäste jährlich. Ein Wanderwegenetz von rund 140 Kilometern, 2 Bergbahnen und 15 Lifte ermöglichen rund ums Jahr eine aktive Freizeit (»Umweltticket« für Bahn und Bus).

Die Umgebung der **Jugendherberge** im *Ortsteil Kornau,* der »Sonnenterrasse« über Oberstdorf, ist Landschaftsschutzgebiet. Schwerpunkte sind Bergwandern und Wintersport. Die Herbergseltern beraten beim Wandern und bei Naturerkundungen. Ausflugsfahrten werden organisiert und Kurse für Wildwasserfahrten sowie für Drachen- und Gleitschirmfliegen vermittelt. Der Wintersport kann dank Anfängerlift und Loipenspur bereits direkt am Haus beginnen.

Das 1990 vollständig renovierte Haus eignet sich sowohl für Familien und Einzelwanderer als auch für Schullandheimaufenthalte. 192 Betten stehen in 2- bis 8-Bett-Zimmern zur Ver-

Jugendherberge Oberstdorf   (Foto: DJH Landesverband Bayern e. V.)

fügung. Die Zimmer für Begleitpersonen sind mit eigener Naß-
zelle ausgestattet. Kategorie V.

Weitere Ausstattung: Speisesaal, Stube, Tagesraum, Leiter-
Besprechungszimmer, Medienraum (Video, Overhead-Projek-
tor, flip-chart, Magnettafel), Spiel- und Musikraum, Sportraum,
Gruppen-Mikado, Tischtennis, Sportwiese, Spielgelände,
Grillplatz. Fahrrad- und Skikeller (Langlaufski-Verleih), Trok-
kenraum für Wanderbekleidung, (Waschmaschine, Trockner).

Oberstdorf und Umgebung bietet *touristische Attraktivitäten:*
Bergführer (Alpinschulen), Bundesleistungszentrum für Eis-
kunstlauf, Fahrradverleih, Fitness-Studios, Kahnverleih,
Schwimmkurse, Skibobschule, Skischulen, Skiverleih, Skiwan-
derschule, Sportmöglichkeiten (Angeln, Bogenschießen, Cur-
ling, Eisstockschießen, Klettergärten, Rodeln, Schach).

Ausflugsziele bei schönem Wetter:
Moor-Badeweiher, Freibergsee, Großer Alpsee bei Immenstadt (Bus und Bahn), Alpe Schlappolt am Fellhorn (Zusehen
bei der Herstellung von Butter und Bergkäse), Naturfreundehaus Kanzelwand (Ökologisches Pilotprojekt zum Schutz des
Alpenraums; eventuell Berghang-Bepflanzungsaktion mit dem
Biologen Karl Partsch, dem »Alpen-Indianer« und Europa-Ab-
geordneten), Einödsbach (1142 m; die südlichste und eine der
ältesten Bergsiedlungen Deutschlands).

Ausflugsziele bei schlechtem Wetter:
Heimatmuseum Oberstdorf und Sonthofen, Brandungswellen-
bad Oberstdorf, Jugendheim »Bullwinkel« in Oberstdorf (Musik, Laienspiel), Volkshochschul-Programm (Töpfern, Basteln,
Volkstanz etc.), Bibliothek.

Naturerlebnisse:
Breitachklamm (2–3 Stunden, von der Jugendherberge aus),
Naturlehrpfad Freibergsee (1 Stunde zu Fuß ab Jugendher-
berge), Sturmannshöhle (1½ Stunden ab Jugendherberge,
Rückweg auch mit Bus möglich), Gottesacker-Plateau (siehe
Wanderbeschreibung), Naturstudienplatz Spielmannsau (Tages-
ausflug), Geologischer Lehrpfad Hindelang und Starzlachklamm
bei Sonthofen (mit Bus und/oder Bahn erreichbar).

Wandern und Bergsteigen läßt sich in einer Region wie
Oberstdorf und dem (österreichischen) Kleinwalsertal nahezu
unbegrenzt. Für einfache Halbtages- und Tageswanderungen mit
Jugendgruppen bieten sich neben sämtlichen Oberstdorfer Tä-
lern vor allem auch das nahe der Jugendherberge gelegene
Rohrmoos- und Gutswiesertal an (Bergbahnen Fellhorn, Nebelhorn, Walmendingerhorn sowie Sessellift Söllereck vorhanden).

3.1 Oberstdorf – Oytal – Älpelesattel – Gerstrubental – Oberstdorf

Verkehrsmöglichkeiten Bahn nach Oberstdorf; Stellwagen bis zum Oytalhaus.

Wegmarkierungen Rot; Wegweiser.

Tourenlänge 19 Kilometer.

Wanderzeit 6 bis 7 Stunden.

Höhenunterschiede Insgesamt 960 Meter.

Wanderkarten 1:50000 Kompass-Wanderkarte Nr. 3 oder 1:30000 Kompass-Wanderkarte Nr. 3.

Anmerkung Kondition ist erforderlich; einfache Übernachtungen (Matratzenlager) in der Käseralpe und der Gaststätte Gerstruben.

Wissenswertes *Oberstdorf* ist im Verbund mit dem österreichischen Kleinwalsertal nur von Norden her erreichbar. Obwohl 1991 bereits ein Drittel aller Dauergäste per Bahn anreisten, zählte man in der Oberstdorfer Hauptsaison bis zu 18000 Pkw täglich...

Daß es so, besonders für einen heilklimatischen Kur- und Kneippkurort, nicht weitergehen kann, das ist allen klar. Und Oberstdorfs eigenwilliger Bürgermeister Geyer ließ auch schon ein konkret wirksames Konzept zur Verkehrseindämmung erarbeiten. Dies trug 1991 dazu bei, daß die Bayerische Staatsregierung grünes Licht für die finanziellen Mittel eines »total autofreien« Ortes gab: Oberstdorf und Berchtesgaden sind als Modellprojekte auserkoren, mit Hilfe von Elektrobussen und -autos, Magnet-Fahrzeugen und Shuttle-Diensten den richtigen ökologischen Schritt ins touristische Neuland der Jahrtausendwende zu gehen!

Ebenfalls in diese Richtung zielt das 1991–1992 getestete »Oberallgäuer Umweltticket«, welches günstige Fahrpreise für ein umfangreiches Liniennetz mit 250 Haltestellen zwischen Oberallgäu, Kleinwalsertal, Tirol und Vorarlberg bietet. Und zwischen Oberstdorf und Immenstadt soll es eine kostenlose Fahrradbeförderung durch die Bundesbahn geben.

Als weiterer Beitrag zum Umweltschutz wird der Bau des Warmatsgunder Wasserkraftwerks bezeichnet, welches den Oberstdorfer Spitzenstrom-Bedarf um bis zu 40% decken kann.

Nur mit der Ausweisung des »Naturschutzgebietes Allgäuer Hochalpen« sind sich selbst die Naturschützer uneins: Während der DAV als Betreiber zahlreicher Schutzhäuser im Gebirge mit den Reglementierungen »leben kann«, sieht der Bund Naturschutz aufgrund der Ausnahmeregelungen »nicht einmal die Mindestanforderungen für ein NSG erfüllt«...

Das *Oytal* steht unter Naturschutz. Trotzdem genehmigte 1981 der bayerische Verwaltungsgerichtshof einen Antrag der Alpengenossenschaft Gutenalp zum Bau eines 2,50 Meter breiten Fahrwegs von der Käseralpe (1405 m) zur Wildenfeldhütte (1694 m), wodurch kostbare Alpenflora der Vernichtung preisgegeben wird. Nach vierjährigem Ringen um die Verhinderung dieses Weges konnte der Fachreferent für Naturschutz und Landschaftspflege nur noch resigniert auf die Grenzen seiner Möglichkeiten verweisen... – *Gerstruben* wurde wie Spielmannsau und Traufberg vom Lechtal aus besiedelt, wie eine Urkunde von 1492 besagt. Seit 1361 ist Gerstruben erwähnt. Die Bewohner verkauften ihre Heimat an eine an der Jagd und Wasserkraft interessierte Gesellschaft, die das Dorf an einen Baron weiterveräußerte. 1953 erwarben es die »Rechtler« von Oberstdorf wieder zurück. Dank der Unterstützung aus Mitteln der Denkmalpflege und der Gemeinde konnten die fünf 350 Jahre alten, von der Sonne schwarz gebrannten Holz-Bauernhäuser und die Kapelle in letzter Stunde vor dem Verfall bewahrt werden.

Tourenbeschreibung Unser Weg ins *Oytal* beginnt (ab Oberstdorf Ortsmitte) in der Oststraße. Nach Überschreiten der *Trettachbrücke* (links das Eisstadion) rechts, zunächst gemeinsam mit dem Weg ins Gerstrubental. (Wegweiser; für Kfz gesperrt.)

Am *linken Trettachufer* nimmt uns bald angenehmer Waldschatten auf.

Im Verlauf des Weiterwegs hört der Teerbelag auf und es geht auf *gekiestem Fahrweg* weiter. Zwischendurch geben Waldlichtungen erste Ausblicke auf die »Vorberge« der Höfats frei: Riffenköpfe (1563 m und 1749 m) und Hahnenkopf (1736 m). Unmittelbar nach dem Einfluß des Oybachs in die Trettach führt links der Weg Nr. 14 zur *Berggaststätte Oytalhaus*.

20 Meter weiter nochmals links: Auf dem »Dr.-Hohenadl-Weg« (Weg Nr. 14) über den *Oybach*. Jetzt geht es auf schmalem Waldpfad direkt am schäumenden Oybach entlang, mit großartigem Blick auf den Hahnenkopf. Wildbach und Wald sorgen für wohltuend erfrischende Luft.

Wir weichen im weiteren Wegverlauf nach rechts vom Bach ab und kommen wieder auf die *Teerstraße*. Auf dieser nur ein kurzes Stück, und dann rechts neben der Straße auf *Wiesenpfad* bis zum *Oytalhaus* (1 Stunde). Schroffe Felsstürze und Flysch-

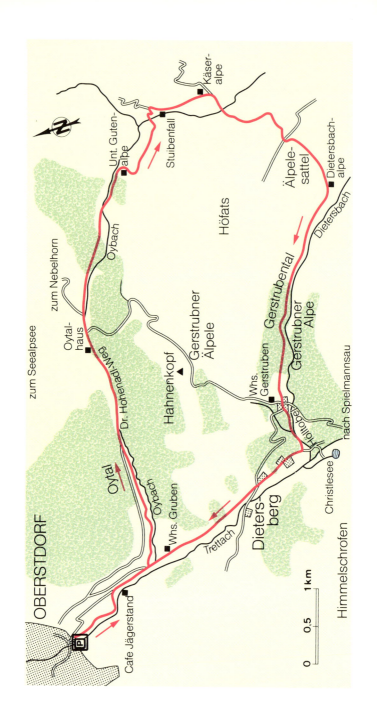

OBERSTDORF

zum Seealpsee

zum Nebelhorn

Unt. Guten-
alpe

Oybach

Oytal-
haus

Dr. Hohenadl-Weg

Oytal

Oybach

Whs. Gruben

Cafe Jägerstand

Hahnenkopf

Gerstrubner
Älpele

Höfats

Stuibenfall

Käser-
alpe

Dietersbach-
alpe

Älpele-
sattel

Dietersbach

Gerstrubental

Gerstruben

Gerstrubner
Alpe

Whs.
Gerstruben

Hollohpen

nach Spielmannsau

Christlesee

Dieters-
berg

Trettach

Himmelschrofen

1 km

0,5

0

berge bilden die großartige Umrahmung des *Oytals*. Links stürzt schäumend der Abfluß des *Seealpsees* herab. Vom *Oytalhaus* gehen wir links über die Brücke auf dem breiten Kiesweg (Weg 14). Rechts zweigt die Abkürzung über das *Gerstrubner Älpele* ab. Auf dem breiten Weg erreichen wir in einer halben Stunde die *Gutenalpe* (1096 m). Allmählich schließt sich der Talkessel. Zur Linken vor uns hoch aufragend der *Schneck*. Daneben *Himmeleck* und *Großer und Kleiner Wilder* – und bald sehen wir zur Rechten die *Höfats* (2259 m). Noch zweimal wird der Bach überschritten, dann beginnt der Aufstieg. Weiter oben fasziniert die schäumende Gischt des *Stuibenfalls*, an dem wir so nahe vorbeigehen, daß wir bei Sonnenschein die schönsten Regenbogen im erfrischenden Wassernebel bewundern können. Hoch über dem *Stuibenfall* stehen wir dann zwischen *Schneck* und *Höfats*. Der Blick in den Talkessel zurück nach *Oberstdorf* ist wieder einer der Höhepunkte unserer Wanderung. Wir erreichen die *Käseralpe* (1405 m; ¾ Stunde; Einkehrmöglichkeit), umrahmt von *Höfats, Schneck, Großem Wilden* und den *Höllhörnern*. Von der *Käseralpe* nun in südwestlicher Richtung im Hochtal weiter zwischen *Rauheck* und der *Südseite der Höfats* in einem steilen aber ungefährlichen Anstieg zum *Älpelesattel*. Auf sehr steilem Steig abwärts – konzentriert gehen! In Kehren zur *Dietersbachalpe* (1330 m; ½ Stunde; Einkehrmöglichkeit).

Von der *Dietersbachalpe* unbeschwerlich auf breitem Weg zur *Gerstrubenalpe* (1219 m; ½ Stunde; Brotzeit-Möglichkeit).

In 20 Minuten erreichen wir die unter Naturschutz stehenden alten Holzhäuser von *Gerstruben*, ehemals die südlichste Siedlung Deutschlands.

Die *Gaststätte Gerstruben* unterhält ein Nebengebäude mit Matratzenlager (die Wirtschaft selbst schließt zwischen 18.00 und 19.00 Uhr).

Weiter auf Weg 11 und 16 nach *Oberstdorf*. Jetzt auf Teerstraße 200 Meter abwärts, dann links über den *Hölltobel* auf Fußpfad nach *Dietersberg*.

Unterwegs drei Aussichtsplattformen mit Sicht auf die *Wasserfälle des Dieterbachs. Unten hört der Wald auf, und der Himmelschrofen, der uns vom Stillachtal trennt, ragt in seiner vollen Höhe gewaltig vor uns auf. Nach rechts öffnet sich der Talkessel immer breiter in Richtung Oberstdorf.*

Rechts weiter, bis zum Weg nach *Spielmannsau* und zum *Christlessee*, wo wir wieder auf breiten Kiesweg kommen. Hier befinden wir uns auf dem *Europäischen Fernwanderweg E 5 Bodensee – Adria;* rechts mündet der asphaltierte Weg vom Gasthof Gerstruben ein.

Nach Passieren der letzten Häuser von *Dietersberg* zweigen wir rechts vom Fahrweg ab und gehen auf *Weg Nr. 19* in Richtung *Café Restaurant Gruben* (1,1 km), (Café Restaurant Jägerstand 1,8 km und Oberstdorf 3 km).

Kurz nach dem *Gasthof Gruben* treffen wir auf unsere Abzweigung ins Oytal. Wir gehen wieder über die *Brücke* und zurück nach Oberstdorf. Gut 1½ Stunden von *Gerstruben* aus.

Ein geologisches Fenster

3.2 (Oberstdorf) – Riezlern – Gottesacker-Plateau – Mahdtal – Hölloch – Schwende – Riezlern – (Oberstdorf)

Verkehrsmöglichkeiten Buslinie von Oberstdorf nach Riezlern; »Ifenbus« von Riezlern zur Ifenhütte bzw. bis zur Auenhütte und mit dem Sessellift zur Ifenhütte.

Wegmarkierungen Rot von Ifenhütte bis zum Gottesacker; gelb über den Gottesacker bis zur Abzweigung ins Rohrmoostal (Windecksattel); rot durch das Mahdtal nach Innerschwende.

Tourenlänge 12 Kilometer. **Wanderzeit** 5 bis 6 Stunden.

Höhenunterschiede Insgesamt 1300 Meter (davon 500 m mit »Ifenbus« bzw. Bus und Sesselbahn); Anstieg von Ifenhütte (1586 m) zum Gottesacker (2086 m) und Aufstieg vom Gottesacker (1667 m) zur Toreckscharte (1967 m).

Wanderkarten 1:50000 Kompass-Wanderkarte Nr. 3.

Anmerkung Bei Schnee oder Nebel ist diese Tour nicht ratsam, da das Gottesackerplateau zahlreiche Felslöcher aufweist. Auf den markierten Wanderwegen bleiben!

Wissenswertes Ein »geologisches Fenster« – das Gottesackerplateau.

Umgeben vom harten, grauen Dolomitgestein des Widdersteins, der Elfer- und Zwölferspitzen, der Schafalpenköpfe und der Kanzelwand erhebt sich die dreistufige Gigantentreppe der Ifengruppe aus Schrattenkalk des Kreidemeers.

Der Druck, der den dreifachen Abbruch dieser riesigen Kalksteinplatte verursachte, schob den jeweils höheren Plattenteil ein Stück in die Druckrichtung hinaus, so daß die Nordwände des Ifen, der Oberen und Unteren Gottesackerwände wie überhängende Steilküsten aussehen.

Dazwischen breitet sich das erstarrte Karrenmeer des Gottesackers: Vor Millionen Jahren bildeten sich die Meeresablagerungen des Helvetischen Kreidemeeres. Äonen vergingen, bis dieser Meeresboden zum Festland wurde – der härtere Schrattenkalk entstand.

Bei der Alpenauffaltung (wieder Millionen Jahre später) wurde das ganze Plateau mit dem Flysch der umgrenzenden Berge zugeschüttet. Darunter wölbten sich die Schrattenkalkschichten durch den seitlichen Faltungsdruck wiederum auf, und dann zersetzte die Erosion in langen Zeiträumen den Flyschmantel und legte das Gestein frei: ein äußerst seltenes geologisches Fenster war entstanden. – Eine Werkstatt der Natur bietet sich hier dem aufmerksamen Betrachter: Wie ein Gletscher ist dieses Plateau zerklüftet – Gräben und Spalten, oft in symmetrischer Reihenfolge über weite Flächen angeordnet, verlaufen quer und längs des Gottesackers. Breite Gräben und kreisrunde Schächte von 1–2 Metern Durchmesser tun sich auf und im Innern offenbaren sich die phantasievollsten Formen geschliffener Säulen und Sicheln, die an anderer Stelle wieder zu langgestreckten Geweihen und Pyramiden werden. – Wirft man kleine Steine in die Öffnungen hinab, so hört man noch lange das helle Aufspringen an den Seitenwänden, bis sie mit einem letzten, dumpfen Ton unten aufschlagen.

Die Schneedecke bleibt auf dem überwiegend waagrechten Plateau oft bis zu 8 Monate im Jahr liegen. Die Kohlensäure des Schmelzwassers gräbt sich senkrecht ins Gestein und die mechanische, auskolkende Wirkung des Wassers tut ein übriges, um das nun aufgebrochene Innere des Felsens zu modellieren.

Das Hölloch ist das gewaltigste Beispiel der erodierenden Kräfte am Ifengebirge: 76 Meter tief ist der senkrechte Einstiegsschacht, bis man zum Höllochsee gelangt.

Anfang dieses Jahrhunderts stiegen zum ersten Mal Einheimische hinab; 1949 begann die intensive Erforschung dieser Karsthöhle durch alle Fachdisziplinen.

Die Ausdehnung der unterirdischen Höhlengänge und -schluchten sowie Ursprung und Höhlenschluß sind bis heute nicht festzustellen. Doch die Wissenschaftler sprechen von einem »getreuen Spiegelbild der Entstehung und des geologischen Aufbaus, das letzte Klarheit vermitteln soll«.

Auch das Entstehungsalter läßt sich nicht eindeutig feststellen. Jedenfalls muß die Höhlenbildung erst nach der jüngsten Hauptgebirgsbildung im Jungtertiär stattgefunden haben; die Lufttemperatur in den verschiedenen Höhlenbereichen schwankt lediglich im Bereich zwischen 4,6 und 5,4 Grad.

Nicht nur die geologische Beschaffenheit, sondern auch die Existenz zahlreicher Blumen inmitten dieser Felseinöde ließen die insgesamt 3500 Hektar einnehmende Ifenfläche zum größten einzelnen Naturschutzgebiet des Allgäus werden.

Stengelloser Enzian, Bergaurikeln, Bergvergißmeinnicht, Steinrosen und viele andere seltene Vertreter sowie die Zwergweide und der Alpenflieder und auch Latschenbüsche wechseln hinüber in das unmittelbar angrenzende Vorarlberger Pflanzenschutzgebiet, das vom Ifengipfel über Hählekopf und Didamskopf bis hinunter ins Schwarzwassertal verläuft.

Tourenbeschreibung Von *Oberstdorf* erreicht man mit dem Linienbus der Post *Riezlern* im Kleinwalsertal. Am Hauptplatz in Riezlern verkehrt regelmäßig der *Ifenbus*, der uns ein Stück durch das Schwarzwassertal bis hinauf zur *Ifenhütte* bringt.

An der *Ifenhütte* (1586 m) auf markiertem Steig (Tafel!) durch felsige Wiesenhänge aufwärts in nordwestlicher Richtung.

Nach etwa 1½ Stunden leichtem Anstieg wird ein gelb markierter Weg in nördlicher Richtung erreicht. Für eine Rast bietet sich die begrünte Höhe des *Hahnenkopfes* (2143 m) an, dessen Gipfel nur ein paar Meter höher liegt.

Wanderer in Gerstruben mit Höfats

(Foto: Kurverwaltung und Verkehrsamt Oberstdorf)

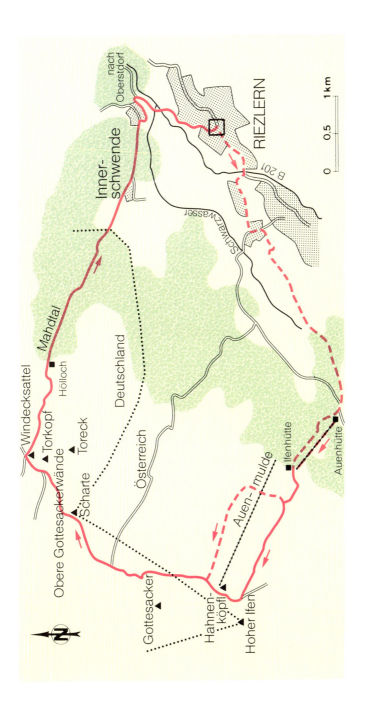

Schöne Ausblicke zur Hohen Ifen-Spitze (2230 m) zur Rechten, auf das Kleine Walsertal und seine Bergkette – von W nach O: Walmendinger Horn (1190 m), Schüsser (2260 m), Hochgehrenspitze (2251 m), Hammerspitze (2170 m), Kanzelwand (2058 m) und Fellhorn (2038 m). Darüber die Gipfel des Allgäuer Hauptkamms: Vom Widderstein (2533 m) zum Biberkopf (2599 m), vom Hohen Licht (2651 m) über die Mädelegabel (2654 m) zum Nebelhorn (2223 m) und Grünten (1749 m) – um nur die wichtigsten zu nennen. Und hinter uns, im Rücken, weite Sicht in das Bregenzer Waldgebiet.

Wer mit der Karte umzugehen versteht, wird auch die *Toreckscharte* (den einzigen Übergang an den *Oberen Gottesackerwänden!*) rasch ausfindig machen (Vorsicht vor Verwechslung: weiter nördlich – links – sieht ein aufragendes Felsdach ebenfalls wie eine Scharte aus!). Nochmals sei hier auf die tückischen, jäh tief ins Felsgestein abbrechenden Löcher hingewiesen – Ursache für schon manchen Beinbruch! Kurz retour abwärts bis zur gelb markierten Route.

Eine gute Stunde geht es in nördlicher Richtung auf und ab übers Gottesackerplateau, ein Erlebnis ersten Ranges für jeden geologisch interessierten Wanderer. Nach der verfallenen *Gottesackerhütte* (1832 m) hinauf zur sichtbaren *Scharte* (1967 m; Markierungsstange), dem einzigen Übergang durch die *Oberen Gottesackerwände.*

Abstieg auf der anderen Seite, durch zwei kleine Talkessel, und dann wieder aufwärts über einen *Sattel* links vom Toreck, einem natürlichen Felstor der *Mittleren Gottesackerwände.* Wir umrunden dabei den Torkopf links unterhalb seines Gipfels (1929 m).

Nach letzten weiten Ausblicken über die Bregenzer-Wald-Berge und den Allgäuer Hauptkamm hinab zu dem kleinen *Plateau* zwischen zwei Hochtälern: Dem *Windecksattel* (1751 m) am höchstgelegenen Moor Deutschlands.

Links ist an einer Felswand unser Weg abwärts ins *Mahdtal* markiert (geradeaus den Hang hinauf geht's ins Rohrmoostal.)

Wir erreichen etwa 700 Meter tiefer – ohne die Füße zu strapazieren – über Almwiesen und bewaldete Kuppen wandernd das *Hölloch.*

Totenkopfschilder weisen auf das etwa 5 Quadratmeter große Loch im Boden hin. Wer gerade dazu kommt, wenn eine Seilschaft einsteigt, vermag die Stimmen der Höhlenkraxler tatsächlich wie aus der Hölle orakeln hören.

Noch eine ¾ Stunde und die Häuser von *Innerschwende* sind erreicht.

Auf der Teerstraße links. Dann nach 1 Kilometer rechts auf der *Schwendestraße* ins Tobel hinab, und nach einem weiteren Kilometer sind wir wieder in *Riezlern*.

Über die Hörnergruppe nach Gunzesried

3.3 Grasgehren-Alm – Hörner-Panorama-Weg – Gunzesrieder Säge

Verkehrsmöglichkeiten Bus Kleinwalsertal – Oberstdorf – Riedbergpaß. Bus von Gunzesrieder Säge nach Sonthofen.
Parkmöglichkeiten Am Parkplatz der Grasgehren-Alm.
Wegmarkierungen Rot; Weg Nr. 1 (Hörner-Panorama-Weg) von Grasgehren-Alm bis Fahnengehren-Alm.
Tourenlänge 12 Kilometer. **Wanderzeit** 3½ bis 4 Stunden.
Höhenunterschiede Insgesamt 400 Meter im Anstieg; 750 Meter im Abstieg.
Wanderkarte 1:50000 Kompass-Wanderkarte Nr. 3.
Wissenswertes Die *Hörnergruppe* ist ein Flysch-Höhenzug entlang der Westseite des Illertals und liegt den östlich verlaufenden Sonnenköpfen fast parallel gegenüber. Das *Gunzesrieder Tal* wird östlich umschlossen von der Hörnergruppe und im Nordwesten von der Nagelfluhkette. Den Abschluß zum Balderschwanger Tal bilden Siplingerkopf (1745 m) und Bleicherhorn (1669 m), nach Südosten öffnet es sich zum Illertal. Die ländliche Struktur bestimmt das Landschaftsbild, auch in den Orten *Gunzesried* und *Gunzesried-Säge*. Mehrere Übernachtungsmöglichkeiten. Viel besucht ist der Gunzesrieder Viehscheid.
Tourenbeschreibung Von der *Grasgehren-Alpe* auf bezeichnetem Weg zum *Gipfel des Riedberger Horns* (1786 m; 1 Stunde). Vom Gipfel überraschend weite Ausblicke: Westlich über dem Gottesackerplateau mit dem Hohen Ifen erscheinen die Bregenzer-Wald-Berge, Winterstaude und Kanisfluh, Didamskopf und Schelpen, Künzel und Glattecker, die ganz in der Ferne noch von den schneebedeckten Zacken der Schesaplana und des Säntis überragt werden. Östlich reicht unser Allgäuer-Alpen-Einblick übers Illertal zum Grünten und zu den Sonnenköpfen. Darüber Daumen, Nebelhorn, Hochvogel, Höfats, Hornbachkette, Großer Krottenkopf, Trettach, Mädelegabel, Hohes Licht, Biberkopf, Schafalpenköpfe und Widderstein. Und im Hintergrund noch die Lechtaler. Vom *Riedberger Horn* auf dem *Gratweg* in einem leichten Rechtsbogen abwärts zur *bewaldeten*

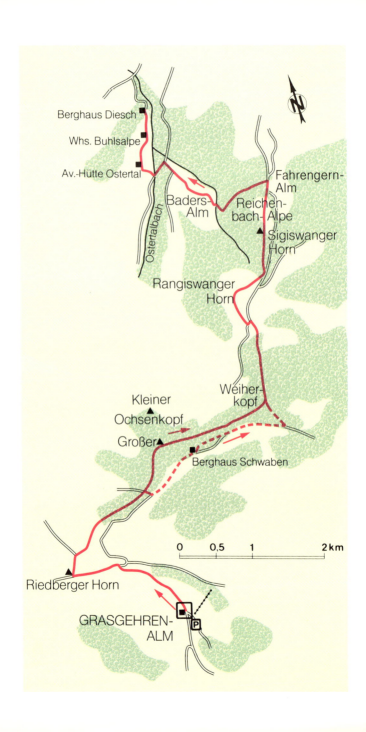

Berghaus Diesch

Whs. Buhlsalpe

Av.-Hütte Ostertal

Ostertalbach

Baders-
Alm

Fahrengern-
Alm

Reichen-
bach- Alpe

Sigiswanger
Horn

Rangiswanger
Horn

Weiher-
kopf

Kleiner
Ochsenkopf

Großer

Berghaus Schwaben

0   0,5   1   2 km

Riedberger Horn

GRASGEHREN-
ALM

N

Freizeit-Anlage Jugendherberge Oberstdorf-Kornau (Foto: Veit Metzler)

Schulter zwischen Ostertal und Bolgental und auf dem gut bezeichneten Gratweg über den *Großen Ochsenkopf* (1662 m) zum
Weiherkopf (1665 m; 1 Stunde). Oder, wer einkehren will,
rechts absteigen zum *Berghaus Schwaben* und von dort zum *Weiherkopf* auf breitem Weg etwas unterhalb des Grates. Vom *Weiherkopf* auf der Höhe weiter und über den Gipfel des *Rangiswanger Horns* (1615 m) zum *Sigiswanger Horn* (1527 m) bis zur
Fahnengehrenalp (1¼ Stunden). Letzte Ausblicke vor dem Abstieg vermitteln dem Weiterwanderer bleibende Eindrücke der
Allgäuer Alpen.

Von der Fahnengehren-Alp (Milch und Käse) nach wenigen
Schritten an der Güterwege-Verzweigung links und eben am
Hang entlang zu einer nahen Alpweide (rechts das Ofterschwan-
ger Horn, Skilift). Rotmarkierte Stecken in der Wiese leiten abwärts zum Forstgebiet »Kempter Wald«, wo wir links dem bezeichneten Wanderweg nach Gunzesried-Säge folgen: In der
zweiten Kurve des Alpwegs links ab auf Waldpfad und in langen
Kehren quer zum Hang talwärts (45 Minuten).

Auf der Fahrstraße links und bald darauf rechts ab zum Waldlehrpfad Ostertal und nach Gunzesried-Säge (15 Minuten; Bushaltestelle; Gasthäuser).

3.4 Radwege-Rundtour
»Illertal-Impression«

Jugendherberge – Kornau – Tiefenbach – Obermaiselstein – Sonderdorf – Bolsterlang – Kierwang – Ofterschwang – Westerhofen – Sigishofen – Sonthofen – über die Iller und entweder auf dem Illerdamm nach Fischen (Lehrwanderweg) und Oberstdorf, oder: Radweg Altstädten – Oberthalhofen – Schöllang (Steigung) – Reichenbach – Rubi – Oberstdorf (30–36 km).

4 Jugendherberge Lindau

Der Bodensee (540 km^2; zweitgrößter See des Alpenraums) ist dank seines milden Klimas und der malerischen Lage zwischen der Hügellandschaft Oberschwabens, der weiten Rheintalebene und dem Kranz der Ostschweizer Alpen zu einer der beliebtesten Ferienregionen Europas geworden. Die Pfahlbauten von Unteruhldingen erinnern daran, daß die Ufer bereits in prähistorischer Zeit besiedelt waren; und noch vor 300 Jahren gab es zwischen Lindau und Nonnenhorn nichts als Weingärten...

Ende der sechziger Jahre kündeten durch Phosphate hervorgerufene Rotalgenteppiche das ökologische Umkippen des Bodensees an – Folge der intensiven industriellen, landwirtschaftlichen und touristischen Überbeanspruchung der Region. Durch ein vorbildliches Kläranlagen- und Kanalnetz, durch Fäkalienentsorgung in den Häfen und durch Verlegung der Industriegebiete weg vom Ufer wurde die Misere bis heute tatsächlich behoben – der Bodensee ist schließlich auch Trinkwasser-Reservoir für Schwaben! Im Zuge der Sanierung wurden zudem Naturschutzgebiete, v. a. für Wasservögel, angelegt. Das bedeutendste derartige Reservat ist das Wollmatinger Ried gegenüber der Insel Reichenau nahe Konstanz – es wurde mit dem »Europadiplom« ausgezeichnet.

Das Ostufer des Sees ist geprägt durch die große Bucht zwischen Bregenz (Vorarlberg) und Lindau (Bayern). Leuchtturm

Jugendherberge Lindau   (Foto: DJH Landesverband Bayern e. V.)

und Löwe sind das Wahrzeichen des Lindauer Hafens, und mittelalterliche Bauten und Gäßchen verleihen der nahezu autofreien, dem Festland vorgelagerten kleinen Insel ein mediterranes Flair.

Abgesehen von den zahlreichen besuchenswerten Ortschaften am Ufer, sind natürlich Schwimmen, Surfen und Segeln die Hauptattraktionen des Bodensees; wobei vor der Gefahr plötzlich hereinbrechender Gewitterböen gar nicht eindringlich genug gewarnt werden kann! Wandern läßt es sich ausgiebig entlang des 320 Kilometer langen Bodensee-Rundwanderwegs, nur beim Radfahren muß (vorläufig?) dem starken Autoverkehr der Uferstraßen möglichst trickreich ausgewichen werden.

So richtig Bergwandern können wir direkt an einem so großen See natürlich nicht. Dafür lassen sich in nur einer Stunde per Bahn und Bus die Vorarlberger Alpen des Bregenzer Waldes und des Rätikon erreichen.

Die **Jugendherberge Lindau** liegt recht verkehrsberuhigt im Gartenstadtbereich auf dem Festland, direkt neben dem Hallenbad und nur 250 Meter Luftlinie vom Bodensee entfernt.

Ausstattung Die Jugendherberge wird neu gebaut und steht voraussichtlich ab 1995 wieder zur Verfügung. Kategorie V, 250 Betten in 70 Zimmern verschiedenster Größen (1-Bett, 2-Bett und 4-Bett) fast alle mit eigenen Sanitär-Einrichtungen. 1 Speisesaal, 6 Gruppen- und Seminarräume mit vielfältigen Nutzungsmöglichkeiten.

Sport und Freizeit Auf dem Freigelände vor dem Haus sind sämtliche Ballspiele möglich, außer Fußball. Ein Bolzplatz ist in 20 Minuten zu Fuß erreichbar. 2 Tischtennisplatten sind vorhanden. Im Ort sind sämtliche Wassersportarten möglich. Hobbyfreizeiten für Segeln, Windsurfen, Skifahren (Skiakrobatik), Radfahren, Wandern, Fahrschule wird über das DJH angeboten. Stadtführungen können vermittelt werden.

Die Stadt Lindau bietet außerdem: Fahrradverleih, Freibäder, Hallenbad, Strandbäder, Segelschule und Segelbootcharter, Sportboothafen, Windsurfschulen, Reitmöglichkeiten, Rundflüge, Tennis, Modelleisenbahnausstellung.

Ein »Rundgang durch die Geschichte der Insel« führt zu 15 ausgesuchten Sehenswürdigkeiten (Broschüre mit Straßenplan beim VA erhältlich). Jeden Freitag um 10.00 Uhr finden während der Ferienzeiten Kinderstadtführungen (bis zu 12 Jahren), vornehmlich auf die Lindauer Türme, statt.

Nicht nur bei schlechtem Wetter locken Ausflüge nach: Dornbirn (Vorarlberger Naturkundeschau), zur Insel Mainau, Unteruhldingen (Pfahlbauten), Schloß Wolfegg (Automuseum), Liechtenstein (Briefmarkenmuseum), Friedrichshafen (Zeppelinmuseum), Stein im Appenzellerland (Schaukäserei), St. Gallen (Erlebnisbad Säntispark; Stiftsbibliothek).

Selbstverständlich, daß eine Fahrt mit der »weißen Flotte« der Bodensee-Schiffahrt zu den typischen Erlebnissen eines Lindau-Aufenthaltes zählt. Speziell für's Wandern gibt es bei den Schiffahrtsbetrieben die Broschüre »Fahr Schiff und wandere«!

Abschließend sei noch erwähnt, daß der Bregenzer »Hausberg«, der Pfänder (1064 m), direkt ab der Jugendherberge auf dem Bodensee-Rundwanderweg problemlos zu erreichen ist. Er bietet eine wunderbare Aussicht über den See und ins Gebirge und eine Fülle von Wanderwege-Kombinationen (z. B. auf dem Pfänderrücken bis nach Scheidegg im Allgäu). Der Berg ist durch zahllose Wegweiser und eine Seilbahn gut erschlossen.

Der Pfänder verbindet Bodensee und Westallgäu

4.1 (Lindau) – Bregenz – Pfänder – Scheidegg – (Lindau)

Verkehrsmöglichkeiten Bodensee-Schiffahrt Lindau – Bregenz. Zug und Linienbus Lindau – Bregenz. Seilbahn Bregenz – Pfänder. Linienbus Scheidegg – Lindau.
Wegmarkierungen Wanderwegweiser.
Tourenlänge 14 Kilometer.
Wanderzeit 4 Stunden.
Höhenunterschiede 260 Meter im Abstieg.
Wanderkarte 1:50000 Kompass-Wanderkarte Nr. 2.
Anmerkung Einfache Höhenwanderung bergab. Für diese Tour darf die Pfänder-Seilbahn als Aufstiegshilfe »guten Gewissens« benutzt werden. Die zahlreichen Auf- und Abstiegskombinationen am Pfänder sind durchweg beschildert und bedürfen keiner eigenen Beschreibung; für ein anderes Mal vormerken! Ausweis nicht vergessen!
Wissenswertes *Begenz* (Brigantium) war schon für die Kelten bedeutsam und erlebte zur Zeit der Römer seine erste Blütezeit; mit Kempten (Cambodunum) war es durch einen Handelsweg verbunden (siehe Jugendherberge Kempten). Das Wahrzeichen

Hohen-
weiler

Leutenhofen

Rucksteig

Weienried

Unter-
schwenden

Ober-

Möggers

Daxenberg

Lutzenreute

Hochberg

Trögerhöhe

Trögen

Gschwend

Eichenberg

Hinteregg

Jungholz

Jungholz

Hirschberg-Alm

Hub

Hirschberg

Pfänder

Whs.
Halbstation

Grasreute

Langen

Pfänderdohle

0   0.5   2 km

der heutigen Vorarlberger Landeshauptstadt ist der Martinsturm. Sehenswerte Altstadt *(Oberstadt)*. Alljährliche Festspiele auf dem See. Kongreßhaus und Theater am Kornmarkt. Der *Pfänder* (1063 m) ist der »Hausberg« von Bregenz, herrliche Aussicht! Am Gipfel ein besuchenswerter Alpenwildpark (Greifvogelschau). Alpenlehrpfad am benachbarten Gebhardsberg (Wanderweg). Naturschutzgebiet Hirschberg. – *Scheidegg* (804 m) im Westallgäu ist heilklimatischer Kurort. Das Kur- und Sporthotel veranstaltet seit 1990 auch »Abenteuercamps« mit River-Rafting, Hydro-Speed, Mountainbike-Touren und Klamm- und Flußwanderungen.

Tourenbeschreibung Entweder per Bus oder Bahn vom nahe bei der Jugendherberge gelegenen *Reutiner Bahnhof,* oder, am schönsten per Schiff mit halbstündigem Umweg zum Inselhafen, hinüber nach *Bregenz.* Vom *Bahnhof* am See nach links zur Bootsanlegestelle des Hafens. Dort sind die Wegweiser entlang der *Schillerstraße* zur nahen *Talstation der Pfänderbahn* nicht zu übersehen.

Die Aussicht über Bodensee und Rheintal, in die Berge des Bregenzerwaldes bis zur Schneekuppe der Schesaplana und hinüber zu den stolzen Schweizer Churfirsten und zum Säntis, der die Appenzeller Alpen überragt, wird natürlich erst vom nahen Gipfel (1064 m) aus zum eindrucksvollen Erlebnis.

Rechts des *Fernseh-Funkturms* hinab zum *Gasthof Schwedenschanze* und weiter bis zum *Gasthaus Mooseck.* Dort folgen wir dem *Höhenweg* auf dem *Pfänderrücken* in nördlicher Richtung.

Bei einem *Holzkreuz* müssen wir dem Wanderwegweiser rechts in Richtung Trögen und Möggers folgen. Weiter durch Hochwald bis zu einer Wegverzweigung am Fuße des Hochbergs (1069 m). Dort queren wir geradewegs zur *Tröger Rochuskapelle* und wandern nach einem Bauernhaus links aufwärts zum nahen Gipfel des *Hochberg* (1071 m; etwa 1½ Stunden seit dem Pfänder). Ein besonders schöner Bodensee-Blick belohnt den kurzen Aufstieg!

Wieder zurück zum Bauernhof und links in der bisherigen Richtung weiter. Nach 5 Minuten den Abzweiger rechts auf den weiteren Höhenweg nach Möggers nicht übersehen!

Ein stiller Waldweg bringt uns in knapp 1 Stunde hinüber zum Dorf *Möggers* (950 m; Einkehrmöglichkeiten).

Vom Fahrweg nach Weienried können wir am unteren Dorfrand rechts abzweigen und dann passieren wir bei *Weienried* (20 Minuten) die Grenze zu Deutschland. Entlang der wenig befahrenen Straße in 30 Minuten nach *Scheidegg* (804 m; Einkehrmöglichkeiten). Mit dem Linienbus zurück nach *Lindau.*

4.2 (Lindau – Bregenz – Bezau) – Mellau – Kanisfluh – Au (Lindau)

Verkehrsmöglichkeiten Schiff, Bahn oder Bus von Lindau nach Bregenz. Linienbus von Bregenz über Müselbach und Egg nach Bezau. Von Bezau nach Mellau mit dem Linienbus aus Dornbirn. Zurück von Au über Müselbach nach Bregenz.

Auskunft über die Busfahrzeiten beim Postamt Bregenz (Vorarlberger »Gelber Taschenfahrplan«).

Bergbahn von Mellau (688 m) zur Roßstellen-Alm (1390 m). Auskunft beim Verkehrsamt A-6881 Mellau.

Wegmarkierungen Rot-weiß.

Tourenlänge (Von Mellau nach Au) 11 Kilometer.

Wanderzeit 5–6 Stunden.

Höhenunterschiede Insgesamt 1400 Meter.

Wanderkarte 1:50000 Kompass Wanderkarte Nr. 2 (Bregenzer Wald – Westallgäu).

Anmerkung Bei Bergbahn-Benützung von Mellau zur Roßstellenalm braucht man 1½ Stunden weniger und legt 700 Höhenmeter zurück. Der Weg wird dann von der Roßstellenalm (Alphof – Gasthaus) auf dem Plateau, das der Hochblanken (2068 m) im Osten, das Hohe Licht (2007 m) und die Mittagsspitze (2095 m) im Westen in 1400 Meter über Mellau bilden, in westlicher Richtung ohne nennenswerte Höhenunterschiede fortgesetzt.

Wo der Weg von der Hofstätten-Hütte (1160 m) heraufführt, geht man rechts abzweigend weiter über einen Bach, bis etwa 400 Meter unterhalb der sichtbaren Kanis-Alm (1463 m). An dieser Stelle zweigt der Weg zur Kanisfluh links ab. Nach weiteren 400 Metern wieder links (rechts aufwärts geht's zum Berggasthaus »Edelweiß«) steil hinauf zum Felsrücken der Kanisfluh.

Wissenswertes Der Bregenzer Wald. – 610 n. Chr. wird der Bregenzer Wald als menschenleere Wildnis bezeichnet. Der Name kommt in der Form Bregenzaerwalt erstmals in der Urkunde vom 17. September 1249 vor, in welcher der Grundbesitz des Klosters Mehrerau (in Bregenz) vom Papst bestätigt wird.

Die zweite Silbe »-walt« deutet darauf hin, daß zur Zeit der erwähnten Landnahme hier noch ein richtiger Urwald bestanden haben muß. Tatsächlich wurde das Gebiet jahrhundertelang gerodet; es war die Haupterwerbsquelle der Siedler. Damals wuchsen hier in großer Zahl Eiben, Stechpalmen und der Sadebusch.

Geologisch wird der Bregenzer Wald ins Grenzgebiet der Ost- und Westalpen eingeordnet. Das Becken zwischen Pfänder und Winterstaude besteht aus Ablagerungen älterer Molasse und des nördlichen Flysch.

Graphitgestein und Jurakalk wurden durch Überwerfung bei der Gebirgsauffaltung in den Bereich der nördlichen Flyschzone geschoben.

Die helvetische Decke – sie erstreckt sich als Fortsetzung der Säntisdecke bis Schoppernau – besteht aus Kreide und ist im breiten Rücken der Kanisfluh so stark gewölbt, daß darunter Jura (Tythonkalk) zum Vorschein kommt. Auch die Fläche von Schoppernau bis Bizau besteht aus Flysch, der über der helvetischen Decke liegt.

Über dem Üntschen, der Grenze zwischen West- und Ostalpen, bildet Hauptdolomit die Wände der Künzelspitze, des Zitterklapfen und des Widdersteins.

Durch den Liasfleckenmergel, wie zwischen Schröcken und Hochkrumbach, entstand die wellige Form und die reiche Vegetation, die den gesamten Bregenzer Wald in einem steten Wechsel von grünen Matten und hochaufragenden Berggipfeln erscheinen lassen.

Klimatisch liegt der Bregenzer Wald zwischen Mittel- und Hochgebirge. Dabei schützen die Gebirge im Nordwesten einerseits vor Kälte und erhalten andererseits das milde Klima des Bodenseegebiets.

Die Bevölkerung ist durchweg alemannischer Art. Dem heutigen Vorderwäldler wird Redseligkeit, dem Hinterwäldler Verschlossenheit nachgesagt – besser ist eine Landbevölkerung schlechthin kaum charakterisierbar.

Das alemannische Brauchtum unterscheidet sich vom bajuwarischen dadurch, daß es nicht so sehr in gemeinschaftlichen Veranstaltungen praktiziert wird, sondern mehr im eigenen, häuslichen Bereich und bei der täglichen Arbeit. Charakteristisch und heute zum großen Teil erhalten sind die holzgeschindelten Bauernhäuser mit ihren getäferten Stuben, ebenso wie die Art der Gruppierung der Weiler des hinteren Bregenzer Waldes mit gemeinsamen Wald- und Weiderechten noch alemannischen Ursprungs ist.

In höheren Lagen entstanden die sogenannten Vorsäße – ebenfalls Weiler, die gleich den Alphütten nur im Sommer bewirtschaftet werden. Oberhalb 1300 Meter finden wir dann auch Alphütten und ganz oben die sogenannten Galtalpen, zu denen Rinder, Kälber, Schafe und Ziegen im Sommer aufgetrieben werden.

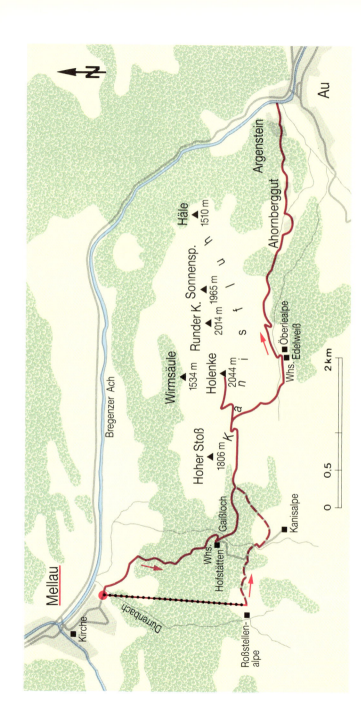

Au

Argenstein

Ahornberggut

Häle
▲ 1510 m

Runder K. Sonnensp.
▲ 1965 m

▲ 2014 m

Überlealpe
■ Edelweiß

Whs.

Wirmsäule
▲ 1534 m

Holenke
▲ 2044 m

Hoher Stoß
▲ 1806 m

Bregenzer Ach

Kanisalpe

Whs.
Hofstätten ■

GaißBloch

Mellau

Kirche

Durrnbach

Roßstellen-
alpe

2 km

0,5

0

N

Diese dreistufige Siedlungsform brachte dem Hinterwäldler ehedem auch den Namen Alpennomade ein.

Dagegen entstand im Vorderwald durch Güterzusammenziehung eher eine Streusiedlung.

Tourenbeschreibung Wer sich den lohnenden Aufstieg von Mellau nicht entgehen lassen will: Von der *Kirche* in *Mellau* (688 m) östlich auf der Straße zur (beschilderten) *Seilbahn-Talstation*. Auf der Fahrbahn weiter, dann 200 Meter nach der Brücke über den *Dürrenbach*, auf dem rechten Fahrweg an einem alleinstehenden Haus vorbei.

Nach 150 Metern rechts ab in den Wald.

In etwa 1¼ Stunden bergauf zum *Berggasthaus Hofstätten* (1160 m). Von dort links (rechts geht der Weg zur Kanis- und zur Roßstellen-Alm) auf schmalem Steig über das *Gaißloch* auf die *Plateauhöhe* (etwa 1500 m; 45 Minuten; siehe Anmerkung), wo die Bergbahnvariante von rechts einmündet.

Unter mächtigen alten Wettertannen empor zur höchsten Erhebung der Kanisfluh – zur *Holenke* (2044 m; 1½ Stunden).

Die Aussicht von hier oben zählt zu den schönsten Panoramen des Bregenzer Waldes (von Osten nach Süden): Mädelegabel (2645 m), Starzeljoch (1867 m), Hohes Licht (2651 m), Biberkopf (2599 m), Üntschenspitze (2135 m), Widderstein (2533 m), Wetterspitze (2533 m), Vorderseespitze (2889 m), Karhorn (2416 m), Stanskogel (2757 m), Wösterspitzen (2558 m), Hoher Riffler (3168 m), Niedere (2156 m) und Hohe Künzel (2397 m), Schöneberg (2282 m), Braunarlspitze (2649 m), Orgelspitze (2592 m), Kilkaschrofen (2262 m), Hochlichtspitze (2600 m), Seelenschrofen (2247 m), Feuerstein (2271 m), Annalper Strecken (2124 m), Gräsborn (2258 m), Haupt- (2403 m) und Westgipfel (2303 m) des Zitterklapfen, Rote Wand (2704 m), Blasenke (2109 m), Litznergruppe mit Verstanklahorn (3298 m) und Formarin-Schafberg (2413 m).

Unser Weiterweg verläuft diesmal auf demselben Weg zurück – abwärts – bis auf 1750 Meter.

Dann gehen wir links auf markiertem Wanderweg und steigen weitere 200 Höhenmeter abwärts, bis der Weg etwa 100 Meter über der *Edelweiß-Hütte* (Übernachtungsmöglichkeit), nach Osten schwenkt und uns zu einer wohlverdienten Brotzeit verführt. Von der Edelweißhütte (1441 m; 45 Minuten; Einkehr- und Unterkunftsmöglichkeit) steigen wir entlang der Südflanke der Kanisfluh bei mäßigem Gefälle zum Weiler *Ahorn* ab (1090 m; 30 Minuten). In Ahorn auf der Dorfstraße weiter abwärts nach *Berggut* (1000 m), wo wir den Fahrweg verlassen und dem Wanderweg hinab nach *Au* folgen (800 m; 30 Minuten).

4.3 (Bludenz – Brandnertal) – Lünersee – Totalphütte – Schesaplana

Verkehrsmöglichkeiten Schiff, Bus oder Bahn Lindau – Bregenz. Bahn Bregenz – Bludenz. Postbus Bludenz – Brand – Lünerseebahn. Kabinenseilbahn zum Lünersee.
Wegmarkierungen Wanderwegweiser.
Tourenlänge 9 Kilometer. **Wanderzeit** 4–5½ Stunden.
Höhenunterschiede 700–1000 Meter.
Wanderkarte 1:50000 Kompass-Wanderkarten Nr. 32 oder 21.
Anmerkung Dank hervorragender Verkehrsverbindungen ist es ohne weiteres möglich, selbst ab Lindau dieses relativ weit entfernte Wanderziel an einem Tag zu bewältigen; früh aufstehen ist natürlich wichtig, um möglichst mit der ersten Seilbahn ab 8.00 Uhr den Lünersee zu erreichen (Fahrtzeit Lindau – Lünersee etwa 2½ Stunden).

Der Gipfel der Schesaplana selbst erfordert Trittsicherheit und Schwindelfreiheit. Er muß aber nicht unbedingt »bezwungen« werden, der einfach zu bewältigende Weg bis zur Totalphütte ist für sich schon lohnend – gute Bergschuhe sind allerdings Voraussetzung! Ab der Totalphütte kann der Weg, der oft auch im Hochsommer schneebedeckt ist, mit gutem Schuhwerk auch problemlos bis etwa 300 Meter unter dem Felsgipfel begangen werden. Wandergruppen mit unterschiedlich leistungsfähigen Teilnehmern wird empfohlen, sich bereits am Lünersee aufzuteilen: Die See-Umrundung (etwa 2 Stunden) ist aufgrund der üppigen Alpenflora und der großartigen Hochgebirgs-Umrahmung für sich allein schon ein Erlebnis ersten Ranges!
Wissenswertes *Bludenz* (550 m) wird gerühmt für seine nebelfreie Lage und ist Ausgangspunkt für Bergtouren ins Montafon, ins Klostertal, ins Brandnertal und Große Walsertal.
Brand (1037 m) ist ein beliebter Sommerkurort und Wintersportplatz im Zentrum des langgestreckten Brandnertals, das von Dornbirn aus gegen den Lünersee und den Brandner Gletscher hin ansteigt. Der Alvierbach durchströmt den Talboden.

Der *Lünersee* (1970 m) wurde 1956 zu einem mächtigen Speichersee zur Stromgewinnung aufgestaut. Das gesamte Gebiet um den Lünersee ist wegen der kostbaren Alpenflora unter Naturschutz gestellt. Die *Schesaplana* (2965 m) ist der höchste Gipfel des als Rätikon bezeichneten Gebirgsstocks zwischen den Vorarlberger Gebirgsgruppen Bregenzer Wald, Verwallgruppe und Montafon. Entlang der Kammlinie die Grenze zur Schweiz.
Douglashütte, (1979 m), an der Bergstation der Lünersee-

bahn, ÖAV-Unterkunftshaus für 150 Personen. *Totalphütte,* (2385 m), ÖAV-Unterkunftshütte (Einkehrmöglichkeit).

Tourenbeschreibung Von der *Douglashütte* wandern wir auf dem Uferweg entlang der Westseite des *Lünersees.* Am Ende des Sees zweigt rechts der bezeichnete Aufstieg zur Totalphütte vom Seeuferweg ab. Auf gut angelegtem Bergpfad steigen wir durch Alpenblumenteppiche in rund 1 Stunde aufwärts zur *Totalphütte* (2385 m; Einkehrmöglichkeit) gegenüber des kleinen *Totalpsees* (auch Zirmaseeli). Wir durchstreifen in mäßiger Steigung das karge Hochtal der Totalpe aufwärts. Je nach Jahreszeit können wir dann die große Schneemulde links umgehen, steigen jetzt steiler durch Schrofen und Felsstufen und kommen zur obersten, fast immer von Schnee bedeckten Talmulde (1 Stunde).

Nicht schwindelfreie bzw. schlechter ausgerüstete Bergwanderer sollten dort die Tour beenden. Gipfelstürmer können derweil der Pfadspur durch den Altfirn weiter aufwärts folgen, bis sie, nach Querung des Steilhangs, den Fuß des felsigen Gipfelaufbaus erreichen (1 Stunde) und den etwas ausgesetzten Gipfel selbst noch erklimmen können (30 Minuten).

Die Aussicht ist grandios: Über dem Lünersee erhebt sich im Osten die Ferwallgruppe, nach Süden zu leuchtet der Firn der

Silvretta herüber, im Hintergrund die Gletscher der italieni-
schen Ortlergruppe, und im Süden sehen wir die Albulaspitze
und die Schweizer Bernina! Nach Westen zu laufen diesen
»highlights« der Bergsteiger gar der Monte Rosa und der Dom
links und rechts der übrigen Walliser Gipfel den Namen ab.
Glarner und Berner Alpen, die Churfirsten und der Säntis run-
den das Bild zum Bodensee hin ab, wo wir bei klarem Wetter
eindeutig Lindau ausfindig machen können! Geradezu beschei-
den machen sich dann noch nach Nordosten zu die Bregenzer-
wald-Berge, die Lechtaler und die Allgäuer Alpen aus.

Auf dem Anstiegsweg wandern wir in gut 2 Stunden wieder
zurück zu unserem Ausgangspunkt, der *Douglashütte.*

4.4 Radwege-Rundtour
»Badeseen am Bodensee«

Jugendherberge – Lindau-Insel – Aeschach – Bodensee-Rund-
weg am Seeufer nach Bad Schachen – Reutenen – Wasserburg –
Nonnenhorn – Kreßbronn – Berg – Nitzenweiler – Schleisee –
Wielandsweiler – Busenhaus – Degersee – Hörbolzmühle – Dür-
ren – Eggatsweiler – Hoyerberg – Jugendherberge (25 km).

80

5 Jugendherberge Ottobeuren

Inmitten der »klassischen« *Unterallgäuer Moränenlandschaft* zwischen Iller und Wertach durchströmen die kleinen Flüsse *Mindel* und *Günz* das Alpenvorland in Richtung Donau. In dieser Region wurden Forschungen über die verschiedenen Eiszeit-Vorstöße und -Rückgänge betrieben: Mindel und Günz, Riß und Würm wurden zu »Paten« der jeweiligen Zwischeneiszeiten.

Östlich der Iller und am Lauf der *westlichen Günz* gelegen, überragt weithin sichtbar die mächtige *Basilika* das typische nordschwäbische Haufendorf *Ottobeuren,* welches sich seit der Klostergründung im Jahre 764 allmählich entwickelte. Im 18. Jahrhundert entstand dort schließlich die größte Klosteranlage Süddeutschlands. Die *Basilika* (1737–1766) gilt heute als eine der prachtvollsten Barockkirchen Deutschlands und lockt täglich Ströme von Besuchern in ihr lichtdurchflutetes Inneres. Einmal jährlich finden die *»Ottobeurer Konzerte«* statt, womit auch Musikliebhaber auf ihre Kosten kommen.

Ottobeurens dritte Attraktion ist seine Bedeutung als seit langem anerkannter *Kneippkurort:* kein Wunder, erblickte doch der berühmte »Wasserdoktor« Pfarrer Kneipp im nahen Stephansried das Licht der Welt. So verwundert es nicht, daß heute zahlreiche Kurhotels und Pensionen das wirtschaftliche Hauptstandbein Ottobeurens darstellen. Alles in allem hat der Ort trotz der vielen Besucher noch etwas von seiner schwäbischen

Jugendherberge Ottobeuren (Foto: DJH Landesverband Bayern e. V.)

Behäbigkeit behalten, und spätestens gegen Abend wirkt Ottobeuren wieder ruhig und erholsam.

Die *Jugendherberge Ottobeuren,* Kat. I, verfügt über 101 Betten, aufgeteilt in 8- bis 14-Bettzimmer, 6 Zimmer für Begleitpersonen, davon 5 mit Waschgelegenheit, 2 Gemeinschaftswaschräume und 2 Duschräume.

Außer dem Speiseraum gibt es 3 Aufenthalts- bzw. Gruppen-
räume, davon 1 Unterrichtsraum.

Nach Vereinbarung bietet die Jugendherberge Teil- oder Voll-
verpflegung.

Sport und Freizeit Für die Freizeitgestaltung stehen ein »süd-
ländischer« Innenhof und eine große Spielwiese am Haus zur
Verfügung.

Am Ort: Wassertretanlagen, Trimm- und Naturpfad, Minigolf,
Reitsport und gepflegte Wanderwege.

Besichtigung: Basilika mit Museum. Sternwarte.

Die Jugendherberge besitzt Tischtennisplatten, Fernseher, Dia-
projektor, Video und ein Klavier.

»Geologischer Orgelsound«

5.1 Jugendherberge – Volkssternwarte – Geologische Orgeln – Jugendherberge

Wegmarkierungen Wanderwegweiser. Gelbes Kreuz zu den
Geologischen Orgeln.

Tourenlänge 10 bis 12 Kilometer.

Wanderzeit 2½ bis 3 Stunden.

Wanderkarte 1:50 000 Kompass-Wanderkarte Nr. 186.

Wissenswertes Nur eine Viertelstunde Fußmarsch von der Ju-
gendherberge entfernt thront auf einem Hügel über Ottobeuren
die höchstgelegene *Volkssternwarte* der Bundesrepublik (auch
Naturstudienplatz des DJH). Zwei Spiegelteleskope mit je 5,40
Meter Brennweite ermöglichen einen faszinierenden Blick in die
Weite des Weltalls.

Jeden Freitag ab 19.30 Uhr ist die Sternwarte geöffnet. Für
Schulklassen und Gruppen gibt es Führungen auch unter der
Woche. Jeden ersten Sonntag im Monat findet nachmittags eine
»Sonnen-Führung« mit anschließender space-art-Diashow statt.

Während der letzten Eiszeit entstand der rund 800 Meter
hohe Hügelrücken bei *Bossarts* und in Folge die Endmoräne der
rund 15 Meter hohen *Nagelfluh-Steilwand.* In dieses weiche Erd-

konglomerat wurden bis zu 1 Meter dicke Baumstämme einge-
schlossen, welche im Laufe der Zeit herausfaulten – es entstanden senkrechte Röhren, welche bei entsprechendem Wind wie
»Orgelpfeifen« klingen können. Die *Geologischen Orgeln* gehören als Allgäuer Naturdenkmal in die gleiche Kategorie wie die
»berühmteren« Klammen, die Breitach- und Starzlachklamm,
der Eistobel und die Sturmannshöhle.

Tourenbeschreibung Von der *Jugendherberge* entlang der
Beethovenstraße zur Sebastian-Kneipp-Straße. Auf dieser links
in Richtung Leupolz und auf dem 2. Wiesenweg nach rechts bis
zum Waldrand. Dort links dem (roten) *Terrainweg III* folgen:
Am Waldrand leicht ansteigend und über Holztrittstufen hinauf
zum *Waldlehrpfad* im *Bannwald* (rechts die Pflanzenschule).

Wir lassen uns vom *Terrainweg III* geradeaus leiten, sehen zur
Linken bald schon die kleine Sternwarte (für Freitagabend vormerken!) und steigen auf dem Serpentinen-Waldpfad abwärts.

Unten verlassen wir den Terrainweg nach links, gehen kurz am massiven Weidezaun entlang und steigen dann aufwärts nach *Wolferts*.

Dort oben queren wir geradewegs die Fahrstraße Haitzen – Brüchlins zum *Bauerngehöft Nr. 30* (historischer Ottobeurer Klosterhof von 1533 bis 1802) und wandern auf dem Güterweg abwärts in den Wald. Auf dem dann meist ebenen Forstweg müssen wir bei Verzweigungen stets auf die gelben Wegekreuz-Markierungen zu den Geologischen Orgeln achten.

Nach längerem geraden Wegstück lichtet sich der Wald und wir sehen vor uns die ersten Höfe des Weilers Klessen. An diesen geradeaus vorbei zum Fahrweg Schrallen – Bossarts. Auf dieser rechts kurz steil bergab zum Ortsende, wieder bergauf bis zu einer *Schulbushaltestelle* an einer *Straßenkreuzung:* Dort können wir entweder den gelben Kreuz-Markierungen in einem Rechtsbogen am *bewaldeten Hang* entlang folgen (müssen dann aber wieder zu den Orgeln aufsteigen), oder aber, wir wählen gleich den *Fahrweg* nach rechts und bleiben so auf aussichtsreicher Höhe bis zum Weiler *Bossarts*. Beim *ersten Hof zur Linken,* noch vor dem Bossarter Ortsschild, bringt uns der bezeichnete Fußweg zu den nahen *Geologischen Orgeln* (siehe Wissenswertes).

Weiter in Richtung Norden, entweder auf dem markierten *Wanderweg* unterhalb der Orgeln oder oben auf der *Fahrstraße,* bis nach etwa 10 Minuten bei Eintritt der Straße in den Wald beide Wege wieder zusammentreffen. Dann gemeinsam auf

Ottobeuren (Foto: Heinz Haas)

schmalem Waldpfad von der Straße (Ende des Teerbelags)
rechts ab. Bald bergab durch den Wald, bis der Pfad in einen
Forstweg übergeht. Auf diesem wieder bergauf zum *Hauptforst-
weg* (Wegeinmündung vom Theinselberg, siehe Tour 2) und hinauf nach *Niebers.*

In einer Links-Rechts-Kehre durch den Ort und dann in langer Schleife durch die Wiesen bergab. Wieder kurz bergauf zur
großen *Straßenkreuzung* Brüchlins – Wolferts. Geradeaus nur
kurz abwärts und in der Linkskehre auf *Forstweg* (Fahrverbot)
geradeaus in den *Bannwald.* Nach kurzem Bergauf können wir
gleich rechts in den *Waldlehrpfad* abbiegen, der uns dann links
der *Pflanzenschule* abwärts und zurück zu unserer *Jugendherberge* führt.

»Unterallgäuer Aussichtsberg«

5.2 Jugendherberge – Brüchlins – Schachenweiher – Theinselberg – Niebers – Bannwald – Jugendherberge

Wegmarkierungen Wanderwegweiser; gelber Punkt zum
Theinselberg.
Tourenlänge 11 Kilometer.
Wanderzeit 3 Stunden.
Wanderkarte 1:50000 Kompass-Wanderkarte Nr. 186.
Wissenswertes In der Senke zwischen dem Theinselberg und
dem Höhenrücken Brüchlins – Wolferts stauten Ottobeurer
Mönche das Quellwasser des Hungerbachs und legten somit den
Schachenweiher an, der heutzutage im Sommer willkommene
Badefreuden beschert. Auf dem *Theinselberg* wurde bereits
1167 eine Kirche zur Hl. Afra erwähnt. Der heutige Bau wurde
1484 aus Nagelfluhquadern errichtet. Bereits 3 Jahre nach dem
Augsburger Religionsfrieden (siehe Jugendherberge Augsburg)
kam die *Kirche* auf dem *Theinselberg* in den Besitz der Evangelisch Reformierten Kirche. Im Zuge der Gegenreformation und
mit Beginn des 30jährigen Krieges (1618) wurde das Gotteshaus
1633 verwüstet. 1649 wurde es restauriert. Von 1660 bis 1707
führten die weiteren Glaubenskämpfe zu mehrmalig wechselndem Besitz von Katholiken und Evangelisch Reformierten. Erst
seit 1707 gehört diese Kirche der Evangelisch Reformierten Kirchengemeinde Herbishofen. Der Name *»Bannwald«* entstand
allgemein aus dem Recht des Waldbesitzers, einen Weidebann

gegen die Rinder der Bauern zu verhängen. Die Tritt- und Schälschäden der schweren Rinder sowie der Verbiß des Jungwaldes gefährdeten schon vor Jahrhunderten die Schutz- und Nutzfunktion des Waldes, vor allem im ortsnahen Bereich.

Tourenbeschreibung Von der Jugendherberge auf der Beethovenstraße zur Sebastian-Kneipp-Straße. Auf dieser links und gleich wieder rechts auf dem für Autos gesperrten Wiesenweg zum *Kurheim am Bannwald*. Bei Verzweigung links bis zu den Terrainwegen 1–3. Entlang diesen rechts und fast eben hinüber zum *Wanderparkplatz* über dem Ort. Bei der Wege-Übersichtstafel folgen wir dem gelben Punkt zum Theinselberg.

Stets auf *Waldpfad* links parallel der Fahrstraße abwärts bis zur Straßenverzweigung links nach Niebers (siehe Rückweg) – dort geradeaus und auf Fußweg links der Fahrstraße hangaufwärts nach *Brüchlins*. Entlang der Fahrstraße durch den Ort, dabei dem Wegweiser nach *Schachenbad* folgen. Von der Kuppe über dem Ort sehen wir bereits den kleinen Badesee und rechts davon, auf dem höchsten Hügel der Umgebung, den Kirchturm und die Höfe von Theinselberg:

Dorthin gelangen wir ab dem rechten *See-Ufer,* wenn wir dem durch die Wiesen zu einem Bauernhof führenden Güterweg hangaufwärts folgen. In einem Rechtsbogen hinüber zu zwei kleinen Häusern, danach vom Güterweg links ab auf *Wiesen-pfadspur* zum *Wald*. Der Pfad geht bald in einen *Forstweg* über, der uns abwärts zu einer Rastbank an einer Waldlichtung bringt. Von dort aus ist es nur noch ein »Katzensprung« entlang des Güterwegs hinauf zum einsehbaren *Theinselberg*.

Die Aussicht nach Memmingen und zu den Alpen entschädigt den Anstieg! Einkehrmöglichkeit im Ort.

Für den Rückweg wählen wir eine Variante: Auf der *Dorf-straße* abwärts in Richtung Lachen, bis etwa in der Ortsmitte links ein ebener Fahrweg um den aussichtsreichen *Südhang des Theinselbergs* herumführt. Sobald der Teerbelag aufhört, geht's auf leicht ansteigendem Forstweg hinauf nach *Niebers,* kurz zuvor treffen wir auf die Wegeinmündung von den Geologischen Orgeln. Wie in Tour 1 beschrieben, zurück zur *Jugendherberge.*

»Auf den Spuren von Pfarrer Kneipp«

5.3 Jugendherberge – Eggisried – Klosterwald – Stephansried – Buschl-Kapelle – Jugendherberge

Wegmarkierungen   Wanderwegweiser.
Tourenlänge   10 bzw. 12 Kilometer.
Wanderzeit   2½ bzw. 3 Stunden.
Wanderkarte   1:50000 Kompass-Wanderkarte Nr. 188.
Wissenswertes   Aus der kleinen Einsiedelei St. Marx im Walde im 12. Jahrhundert entstand 1681 erstmals ein Kloster, welches von Benediktinerinnen aus Salzburg unter Vermittlung der Abtei Ottobeuren erbaut wurde. Die heutige Klosteranlage *Klosterwald* geht auf das Jahr 1729 zurück, und seit 1866 leben und wirken dort Englische Fräulein aus Mindelheim. Seit 1990 wird in *Klosterwald* an einem bayernweit einmaligen *Biotopvernet-zungsmodell* gearbeitet: Auf dem über 100 Hektar großen Gelände werden Feldhölzer gepflanzt, gewässerbegleitende Gehölze gesetzt, Obstwiesen extensiviert und eine Benjeshecke angelegt. – *Stephansried* ist der Geburtsort (17. Mai 1821) von Pfarrer Kneipp. Das Kneippdenkmal am Hügel über dem Ort erinnert an den berühmten Sohn dieses Dorfes, dessen abhärtende Wasserbehandlungen bis heute unbestreitbare Therapie-Erfolge zeigen können. – Anstelle der heute über dem Günztal thronenden *Buschl-Kapelle* stand bereits anno 1172 eine Burg

Ungerhauser

Wald

Schloßberg

Westliche Günz

Stephansried

Kloster
Wald

Weiher-

berg

Attenhauser

Wald

Gumpratsried

Hawangen

Eggisried

Dennenberg

Mittlere

Schickling

Abkürzung

Wetzlins

Günz

Fröhlins

Buschl-
kapelle

Langenberg

Schinderbächlein

Abdecker

Halbersberg

Brüchlins

Basilika

Ottobeuren

Guggenberg

Schachen

DJH

0   1 km

des Ritters Bertold von Dennenberg. Aus dem Wort Burgstall scheint das Wort Buschel oder Buschl entstanden zu sein.

Tourenbeschreibung Von der Jugendherberge auf kürzestem Weg entlang der Faichtmair-, Luitpoldstraße und dem Silachweg zum *Marktplatz* rechts der Basilika. Geradeaus weiter in die Ulrichstraße, links und an der Ottobeurer Brauerei und der Unteren Mühle vorbei. Dann in einem Rechtsbogen über die *Mittlere Günz.*

Weiter auf der schmalen *Klosterwaldstraße* ortsauswärts. Über die Bahngleise und über die neue Ortsumgehungsstraße (Vorsicht!) und geradewegs auf dem nur für landwirtschaftlichen Verkehr freigegebenen Güterweg durch die Wiesen.

Bald überqueren wir auf zwei schmalen Stegen die *Mittlere Günz,* dann geht's durch weite Wiesen hinüber zu den Anwesen von *Schickling.* Dort rechts auf schmalem asphaltiertem Zubringersträßchen hinauf nach *Eggisried.*

Noch vor dem zweiten Bauerngehöft (hohe Scheunenzufahrt über der Straße) links wenige Schritte abwärts, dann rechts auf den Güterweg und gleich wieder links auf der Pfadspur entlang einer Allee zum Wald. Auf dem fast ebenen Forstweg künden *Kreuzwegstationen* bald schon vom nahen Kloster.

Falls wir von *Klosterwald* noch weiter bis *Stephansried* (Kneipp-Denkmal und Einkehrmöglichkeit) wandern möchten, folgen wir rechts des oberen Klostergebäudes dem Wanderweg hangaufwärts durch Wiesen und Wald bis zum Ort *Stephansried.*

Kahler Alpendost und Kleiner Fuchs   (Foto: Ulrich Schnabel)

Von dort auf wenig befahrener, aussichtsreicher Straße (Blick zu den Alpen) retour bis zur Wegeinmündung von Eggisried.

Dorthin von *Klosterwald* direkt auf der parallel oberhalb zum Kreuzweg verlaufenden Fahrstraße. Bei der Wegverzweigung nach Langenberg rechts abwärts und kurz darauf links hinüber zur einsehbaren *Buschlkapelle*, in aussichtsreicher Lage auf einem ehemaligen Burgstall erbaut.

Rechts der *Buschlkapelle* am Weidezaun entlang zum Wald und durch diesen auf steiler Pfadspur abwärts. Unten halbrechts hinüber zur Fahrstraße nach Ottobeuren (rechts ein einzelner Hof).

Genau an dieser Stelle können wir, aber nur wenn das Gras abgemäht ist, einem kaum sichtbaren Wiesenpfad geradeaus folgen, bis wir uns kurz vor der Umgehungsstraße rechts halten, um dann bald schon links wieder auf unseren Herweg – Überquerung der Bahngleise und der Schnellstraße – zu treffen.

Andernfalls folgen wir ab der Wegeinmündung beim Einzelhof der *Fahrstraße* in Richtung *Ottobeuren*. Wir überqueren auch so die Umgehungsstraße und lassen uns dann von der Beschilderung zum Sportplatz ortseinwärts leiten.

5.4 Radwege-Rundtour
»Brotzeit in einer uralten Mühle«

Jugendherberge – Guggenberg – Schwäbische Bäderstraße über Markt Rettenbach bis Hinterbuchenbrunn – links nach Katzbrui (Mühlenmuseum, Naturlehrpfade, urige Gaststätte) – Eutenhausen – Erlis – Arlisberg – Gottenau – Frechenrieden – Dennenberg – Fröhlins – Jugendherberge (30 km, kann beliebig verkürzt werden; Radtourenkarte Unterallgäu).

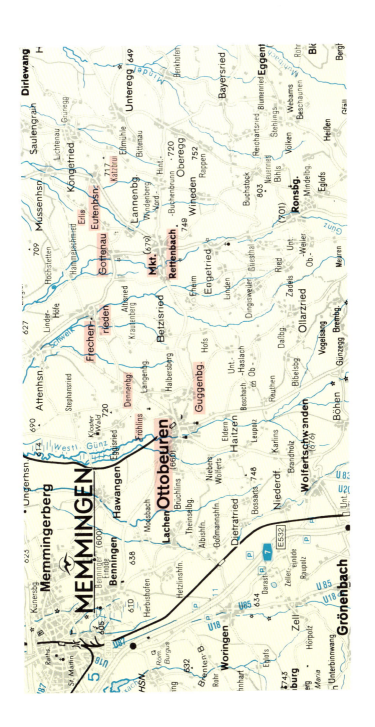

6 Jugendherberge Memmingen

Wohl keine andere Allgäuer Stadt besitzt einen so großen und klar ausgeprägten mittelalterlichen Stadtkern wie *Memmingen.* Von den einst 30 Toren und Türmen entlang der 4 Kilometer langen Stadtmauer umschließen heute noch 5 Tore und 5 Türme das sehenswerte historische Zentrum um den Stadtbach. Brükken, Giebel und Bogen muten direkt mediterran an.

Das Herzogsgeschlecht der *Welfen* begründete anno 1160 die Stadt, 1268 wurde *Memmingen* Reichsstadt mit nachfolgender Reichsfreiheit zwischen den Handelsstädten Augsburg, Ulm und Kempten. Wohlhabende Zünfte bildeten ein *Stadtpatriziat,* welches sich sogar die Förderung der Künste und Wissenschaften leisten konnte. Ein liberalerer Geist als in anderen Orten des

Jugendherberge Memmingen   (Foto: DJH Landesverband Bayern e. V.)

Alter Bauernhof bei Memmingen   (Foto: Veit Metzler)

Mittelalters begünstigte schließlich den geschlossenen Übertritt des Bürgertums zur *Reformationslehre Martin Luthers.*

Damit einher ging *Memmingens Ruf,* »bauernfreundlich« zu sein. Lange zuvor gärte es schon unter den Allgäuer Bauern (1491 Versammlung der Bauern an der Malstatt zu Leubas bei Kempten), und Luther's Proklamation des »Göttlichen Rechts« übernahmen sie nun als »Göttliche Gerechtigkeit für alle«. In der *Kramerzunft* zu *Memmingen* schließlich wurden die »Zwölf Artikel der Bauern« gedruckt, welche das Fanal zum großen *deutschen Bauernkrieg* setzten.

Wenngleich der Aufstand letztlich auch von Memminger Patriziern verraten wurde, die Reichstruppen zu Hilfe kamen und die Bauern blutig niedergeschlagen wurden, so ist es zumindest den ernsthaften Bemühungen um eine friedliche Lösung des Konflikts Feudalsystem – Leibeigenschaft zu verdanken, daß *Memmingen* damals nicht in Schutt und Asche fiel und so der Nachwelt bis heute großenteils erhalten blieb.

Die *Jugendherberge,* Kat. II, befindet sich im Süden des Stadtkerns, direkt am historischen Kempter Tor. Sie verfügt über 67 Betten, 4- bis 10-Bettzimmer, 3 Zimmer für Begleitpersonen, 3 Gemeinschaftswaschräume, 5 Duschen, 1 Speiseraum, 1 Aufenthaltsraum, 1 Tischtennisraum. Terrasse, Garten und Hof für Spiele und Grillen. Bolzplatz bei der Jugendherberge, Frei- und Hallenbad in etwa 10 Minuten Entfernung. Eislaufhalle in der Stadt. Memmingen und Umgebung bietet Freizeitmöglichkeiten von A–Z: Alpenrundflüge, Angeln, Automuseum, Baden, Ballonfahren, Büchereien, Bootsverleih, Eissport, Golf, Kegeln, Kinos, Kultur im Landestheater Schwaben und auf der Kleinkunstbühne PiK, Kutschfahrten, Minigolf, Modelleisenbahn, Radeln, Reiten, Saunen, Squash, Sternwarte Ottobeuren, Tennis, Tierpark, Trimmpfade, Wanderwege.

Insbesondere sei auf ein interessantes Stadtspiel (Verkehrsamt) durch die historische Altstadt hingewiesen. Und natürlich auf das jedes Jahr in der zweiten Julihälfte stattfindende *historische Kinderfest* und den *Fischertag*. Damit verbunden alle 4 Jahre (1996) Aufführung der *Wallenstein-Spiele.*

»Zur Memminger Erholungs-Oase: Die Buxheimer Weiher«

6.1 Jugendherberge – Stadtweiherwald – Buxach – Buxheimer Weiher

Verkehrsmöglichkeiten Linienbus Buxheimer Weiher (Kartäuserweiher) – Memmingen.
Wegmarkierungen Teilweise Radwander-Wegweiser.
Tourenlänge 6 Kilometer.
Wanderzeit 1½ Stunden.
Wanderkarte 1:50 000 Kompass-Wanderkarte Nr. 186 und/oder Radtourenkarte Unterallgäu. Sehr hilfreich der Stadtplan von Memmingen!
Wissenswertes Zu den bedeutendsten Sehenswürdigkeiten *Memmingens* zählen: Marktplatz mit Renaissance-Rathaus, Steuerhaus und Großzunft. Parishaus, Grimmelhaus, Ulmer Tor, Westertor, St.-Martinskirche, Hermannsbau mit Städtischem Museum, Kinderlehrkirche, Fuggerbau, Weinmarkt, Stadttheater, Siebendächerhaus(!), Frauenkirche, Kempter Tor, Lindauer Tor, und Kreuzherrnkirche.

Memmingens nordwestlich benachbarte Gemeinde *Buxheim* ist das Naherholungsgebiet der Stadt. 6 Weiher und 20 Kilometer ausgeschilderte Rad- und Wanderwege inmitten idyllischer Wälder längs der Iller sorgen samt Einkehrmöglichkeiten, Camping-, Fußball- und Tennisplatz für unterschiedlichste Freizeitbedürfnisse. Aber auch die Kultur kommt nicht zu kurz: Wahrzeichen von *Buxheim* sind die Türme der Kartausenkirche, der Pfarrkirche und der St.-Anna-Kapelle. Die ehemalige *Reichskartause* (Kloster) wartet mit einem prunkvoll geschnitz-

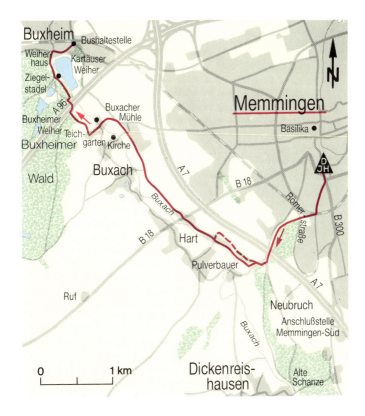

ten Chorgestühl, langem Kreuzgang und sehenswerter Pfarrkirche sowie dem liebevoll renovierten *Kartausenmuseum* auf.

Tourenbeschreibung Von der *Jugendherberge* entweder auf der Zellerbachstraße oder entlang der Kempter Straße und rechts auf der Luitpoldstraße zum nahen *Schanzmeisterplatz*. Diesen Verkehrsknotenpunkt auf Gehwegen zur Sparkasse hin überqueren, anschließend auf dem *Dickenreiser Weg* stadtauswärts.

Gleich nach den Bahngleisen rechts in Richtung Schützenheim. Wir queren dann die *Römerstraße* und wandern links der Tennisplätze entlang dem bezeichneten Rad/Fußweg in Richtung Kronburg und Dickenreishausen. Am Waldrand, parallel zur Stadtweiherstraße, erreichen wir einen *Radwege-Knotenpunkt* (siehe auch Tour Nr. 2):

Auf dem Weg nach *Buxheim* biegen wir halbrechts ab (Schranken-Durchlaß) und steigen gleich wieder rechts auf Trittstufen hinab zur *Stadtweiherstraße*.

Auf der anderen Straßenseite könnten wir gleich wieder dem als Radweg ausgewiesenen Feldweg, dem »*Flachweg*« folgen. Dabei ließe sich dann angesichts der lärmenden Autobahn trefflich über Sinn und Unsinn von Autobahnen reflektieren. Nach einem langen Steg über einen Graben müssen wir dann allerdings doch links hinab nach *Hart* abweichen.

Dorthin geht's auch beschaulicher, wenn wir der *Stadtweiherstraße* wenige Meter bergab folgen, bis uns rechts der *Haldenweg* (Einbahnstraße; Radweg) durch die Vorortsiedlungen am Buxheimer Bach führt. Durch *Hart* hindurch, auf der Talstraße die B 18 kreuzend, folgen wir stets der Furche des Buxheimer Baches zum Stadtteil *Buxach*.

Sobald die Buxacher Straße von rechts einmündet, biegen wir links in den *Buxacher Mühlweg* ein. Nahe der Mühle über die *Buxach,* dann rechts auf Wanderweg unter der A 96 hindurch, und schon sind wir mitten im *Buxheimer Wald,* wo wir uns entscheiden müssen, an welchem der *fünf Weiher* wir den Rest des Tages zubringen wollen.

Am größten Weiher, dem *Karthäuser Weiher* zur Rechten, gibt es Minigolf, Gaststätten und rechts des Nordufers die Bushaltestelle nach Memmingen.

»*Ins Illertal und zum Bauernhofmuseum Illerbeuren*«

6.2 Jugendherberge – Dickenreishausen – Hitzenhofen – Kardorf – Illerbeuren

Verkehrsmöglichkeiten Linienbus von Illerbeuren nach Memmingen.

Wegmarkierungen (Rad-) Wanderwegweiser.

Tourenlänge 12 Kilometer. **Wanderzeit** 3 Stunden.

Anmerkung Auch als Radltour geeignet.

Karten 1:50000 Kompass-Wanderkarte Nr. 186; und/oder Radtourenkarte Unterallgäu. Stadtplan von Memmingen.

Wissenswertes Das *Bauernhofmuseum Illerbeuren* gilt als »Dorf im Dorf«, denn fünf der insgesamt 20 Höfe (Stand 1992) bilden das Zentrum des alten Illerbeuren im »Illerwinkel«. Die anderen Anwesen wurden und werden in der Umgebung abgetragen und detailgenau wieder aufgebaut.

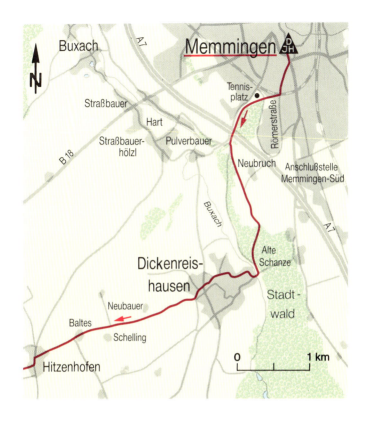

In den Räumen der liebevoll im Original gestalteten Höfe bekommt der Besucher ungehindert Zugang zur Einfachheit, aber auch zur kunstvollen Pracht der bäuerlichen Lebensweise in Bayerisch-Schwaben. »Genau a so isches gweacha« wird es dem Einheimischen über die Lippen gehen, in tatsächlich museale Zeiten wird sich der Besucher aus der Großstadt versetzt fühlen.

Angeschlossen sind das einzigartige *Deutsche Brotmuseum* mit Exponaten rund um das 8000 Jahre alte Hauptnahrungsmittel sowie das *Schwäbische Schützenmuseum* mit mehr als 4000 Ausstellungsstücken. Zahlreiche Sonderausstellungen und lebendige Veranstaltungen beleben das Bauernhofmuseum rund ums Jahr (Auskünfte: Schwäbisches Bauernhofmuseum Illerbeuren, Museumstraße 8, D-87758 Kronburg-Illerbeuren).

Weitere Museen und Sammlungen im Unterallgäu siehe Wissenswertes von Tour 3.

Tourenbeschreibung Von der *Jugendherberge* entweder auf der Zellerbachstraße oder entlang der Kempter Straße und rechts auf der Luitpoldstraße zum nahen *Schanzmeisterplatz.* Diesen Verkehrsknotenpunkt auf Gehwegen zur Sparkasse hin überqueren und anschließend auf dem *Dickenreiser Weg* stadtauswärts. – Gleich nach den Bahngleisen rechts in Richtung Schützenheim. Wir queren dann die *Römerstraße* und wandern links der Tennisplätze entlang dem bezeichneten Rad-/Fußweg in Richtung Kronburg und Dickenreishausen. Am Waldrand, parallel zur Stadtweiherstraße, erreichen wir einen *Radwege-Knotenpunkt* (siehe auch Tour 2).

Auf dem Weg nach *Dickenreishausen* nicht wie in Tour 1 halbrechts nach Buxheim, sondern geradeaus auf dem linken der beiden zunächst parallel verlaufenden Wege weiter. Dieser unasphaltierte Fuß- und Radweg führt uns entlang der bewaldeten alten Bahntrasse Memmingen – Legau zuverlässig bis zum Ortsanfang von *Dickenreishausen* (1 Stunde seit Memmingen).

Auf der Querstraße rechts und gleich wieder rechts ab in die *Untere Dorfstraße.* In leichtem Bergauf durch den Ort und dann geradeaus entlang dem ebenen Fahrweg hinüber bis nach *Hitzenhofen* (40 Minuten).

Im Ort folgen wir dem schmalen Sträßlein rechts ab nach *Kardorf,* das wir nach einem streckenweise fußgerecht-ungeteerten Waldweg in weiteren 40 Minuten erreichen.

Unter dem Ort blinkt die riesige *Illerschleife,* zu der wir auf direktem Weg vom Dorf absteigen. Das weite und flache Kies-

Berg-Kratzdistel   (Foto: Ulrich Schnabel)

ufer lädt zum Rasten und Verweilen, bei heißem Sommerwetter ein idealer Badestrand!

Wir können dann wegelos dem *Illerufer* stromaufwärts folgen, bis ein für Autos gesperrter Güterweg hinüber zum Verbindungssträßchen von Kardorf nach *Illerbeuren* und zum *Bauernhofmuseum* leitet (40 Minuten).

Mit dem Linienbus zurück nach *Memmingen*.

»Wanderwege zur Ottobeurer Basilika«

6.3 Jugendherberge – Benninger Ried – Benningen – Hawangen – Ottobeuren

Verkehrsmöglichkeiten Linienbus Ottobeuren – Memmingen.
Wegmarkierungen Wanderwegweiser.
Tourenlänge 13 Kilometer.
Wanderzeit 3½ Stunden.
Karten 1 : 50 000 Kompass-Wanderkarte Nr. 186 und/oder Radtourenkarte Unterallgäu. Stadtplan Memmingen.
Wissenswertes In *Ottobeuren* laden die Staatsgalerie und die Kunstsammlungen der Abtei zum ergänzenden Besuch der *Basilika* (näheres siehe Jugendherberge Ottobeuren).

Der *Landkreis Unterallgäu* bietet noch weitere kulturelle Ausflüge zu Museen und Sammlungen: Das Wallfahrtsmuseum in Legau/Maria Steinbach. Das 1. Allgäu-Schwäbische-Dorfschulmuseum in Erkheim/Daxberg. Das Heimathaus Taverne in Dirlewang. Das Sebastian-Kneipp-Museum in Bad Wörishofen. Das Sieben-Schwaben-Haus in Türkheim. Das Gemeindearchiv von Tussenhausen. Heimatmuseum und Fuggerschloß in Kirchheim. Das Fuggermuseum im Schloß von Babenhausen. Das Heimathaus im alten Rathaus von Pfaffenhausen. Und schließlich im zentral im Unterallgäu gelegenen Mindelheim das Heimatmuseum, das Schwäbische Turmuhrenmuseum, das Schwäbische Krippenmuseum, das Südschwäbische Vorgeschichtsmuseum und das Textilmuseum.

Tourenbeschreibung Von der *Jugendherberge* am *Kempter Tor* links in die *Luitpoldstraße,* entlang dieser durch die Bahnunterführung zum Tiroler Ring – dort rechts ab in die *Riedbachstraße.* Auf dieser etwa 500 Meter weit durch das Industriegebiet, bis links der *Hoppenriedweg* abzweigt.

Diese schmal asphaltierte Sackgasse für Autos führt etwa 10 Minuten entlang einer Vorstadtsiedlung und geht dann in einen Rad- und Fußweg über. Wir durchqueren nun den südlichen Rand des *Benninger Rieds* (auch Naturschutzgebiet Hammerschmiede genannt, Zugangsverbot), dessen urwüchsige Auwaldlandschaft mit seinen zahlreichen Bachläufen ein wahres Vogelparadies darstellt.

Bald passieren wir die markante Riedkapelle und kommen nach *Benningen*. Links in die *Nordstraße*, rechts in die *Lerchenstraße* und schließlich links entlang der *Baumstraße* zur *Hauptstraße* Memmingen – Ottobeuren. Diese (vorsichtig) direkt überqueren und auf Güterweg links am Gasthof »Goldener Engel« vorbei. Weiter auf dem Güterweg links des Sportplatzes durch die Wiesen.

Beim *Flurkreuz* links und an der nächsten Wegverzweigung rechts hangaufwärts. Von oben weiter Ausblick über das Mem-

Rostblättrige Alpenrose   (Foto: Klaus Puntschuh)

minger Trockental. Sicher donnern jetzt schon im Tiefflug über
uns die Militärmaschinen des Memminger Berg-Fliegerhorsts,
dessen mit Grasbewuchs getarnte Hangare wir bald schon ausfindig machen können.

Noch vor den Hangaren folgen wir dem Rechtsbogen des Güterwegs hinüber zu den sichtbaren Höfen der *Benninger Einöde*
und kommen anschließend zur Fahrstraße nach *Hawangen*. Dieser müssen wir nun links 3 Kilometer weit durch die weiten Fluren folgen.

Links ab zum Ort, den wir entlang der Hauptstraße durchqueren, bis uns ein Wegweiser rechts zur Fahrstraße nach Klosterwald leitet. Dieser folgen wir bis über den Krebsbach (nicht
rechts nach Ottobeuren!) und biegen dann erst rechts in den
Eichenweg ein (Wanderweg nach Ottobeuren). Ortsauswärts
und hinauf zu einer Wiesenkuppe mit weitem Rundumblick (vor
uns erkennen wir Klosterwald).

Von der Wiesenkuppe abwärts, dann auf dem rechts abzwei-
genden Forstweg in den Wald. Das gelbe Dreieck des Ottobeurer Wanderwegenetzes führt uns nun zuverlässig zum »*Ulrichs-
brunnen*« und entlang des *Schindelbächles* ins Ortszentrum von
Ottobeuren (siehe Jugendherberge Ottobeuren).

6.4   Radwege-Rundtour
»Links und rechts der Iller«

Jugendherberge – Hitzenhofen – Kardorf – Illerbeuren – Maria
Steinbach – Kaltbronn – Hub – Ehrensberg – Unterau – Grönenbach – Zell – Kronburg – Dickenreishausen – Jugendherberge (42 km; Radtourenkarte Unterallgäu).

7 Jugendherberge Günzburg

Die von Süd nach Nord strebenden breiten Täler von *Günz, Kammel, Mindel, Zusam* und *Biber* bestimmen die *Riedelland-schaft* (Höhenrücken) des 762 Quadratkilometer großen Land-kreises *Günzburg* inmitten der Schwäbisch-Bayerischen Hoch-ebene.

An der *Einmündung* der *Günz* in die *Donau* entstand aus der keltischen Siedlung Gontia (Günz) anno 77/78 vor Christus ein römisches Reiterkastell gleichen Namens. Dem Lauf der Donau als West-Ost-Verbindung waren schon vor den Kelten andere Völker gefolgt. Doch erst die militärisch operierenden Römer nutzten den ohnehin strategischen Vorteil von Flußmündungen zur gleichzeitigen Verknüpfung mit weitverzweigten Straßennet-zen (siehe auch Jugendherberge Augsburg). Bald schon ent-stand eine Brücke über die Donau und die Verbindung Augusta Vindelicorum (Augsburg) mit Gontia.

Aus der Zeit des frühen und hohen Mittelalters weiß die Ge-schichtsschreibung über *Günzburg* wenig zu berichten. Gunce-burch wird am 22. 5. 1065 erstmals urkundlich erwähnt, die *Rei-sensburg* gilt als eine der ältesten Burganlagen im heutigen Bay-erisch-Schwaben.

Günzburgs Blütezeit jedoch beginnt mit der Geschichte der *Habsburger:* 1301 kommt die Markgrafschaft Burgau mit Haupt-sitz Günzburg durch Kauf an die österreichische Monarchie. Die

Jugendherberge Günzburg   (Foto: DJH Landesverband Bayern e. V.)

Oberstadt wird gegründet, 1328 erhält *Günzburg* seine Stadt-urkunde, 1609 steigt sie gar zur Residenzstadt in Schwäbisch-Österreich auf.

500 Jahre lang bestimmen die Habsburger die Geschicke der Stadt. Martin Luther's Reformlehren aus dem nahen Augsburg verhallen fast ungehört, der Bau des *Schlosses* mit *Hofkirche* (1577–1580) demonstriert die Macht des »Heiligen Römischen Reiches Deutscher Nation«. Kaiserin Maria Theresia lohnt die Treue und fördert den Ausbau der Stadt, der Leinenhandel belebt die Donau-Schiffahrt, die Straße von Wien nach Paris führt durch *Günzburg* – »Klein-Wien« wird es bald genannt.

An jene Zeit erinnert heute der vorbildlich restaurierte, historisch ausgeprägte Stadtkern: Prachtvolle Bürgerhäuser säumen den Marktplatz samt dem *Unteren Tor,* dem Wahrzeichen der Stadt. Als schönstes weltliches Bauwerk gilt der von der Zeit des Leinwandhandels zeugende *Brentano-Palast* (1750), und etwa zur gleichen Zeit kreierte der Wessobrunner Baumeister Dominikus Zimmermann als Vorläufer der berühmten Wieskirche die Günzburger *Liebfrauenkirche* (1736–1741), »eines der vornehmsten Bauwerke des schwäbischen Rokoko«. Während das *Renaissance-Schloß* mit doppeltürmiger *Hofkirche* die Habsburger Macht repräsentiert, erinnert die pittoreske *Münzgasse* an die beengende Unterkunft der damaligen Handwerker. Das *Rathaus* und das *historische Gasthaus* »Zur Krone«, der *Kuhturm* und das *Heimatmuseum* mit Römischer Sammlung vervollständigen das Bild der Altstadt. – Die Adolf-Kolping-Jugendherberge liegt verkehrsberuhigt südlich des Zentrums im Bereich der Schulen und Sportplätze Günzburgs.

Ausstattung Die Jugendherberge, Kat. IV, verfügt über 34 Betten, aufgeteilt in 2- bis 4-Bettzimmern, jeweils mit Waschgelegenheit. Ein 2-Bettzimmer für Begleitpersonen, 1 Frühstücksraum, 1 Aufenthaltsraum, 1 Saal mit Bühne für 150 Besucher, Farbfernsehgerät, VHS-Videorecorder; weitere technische Geräte können besorgt werden.

Sport und Freizeit Trimm-Pfad in den Donau-Auen, Minigolfplatz und Freibad, zahlreiche Badeseen in unmittelbarer Nähe der Stadt, vielfältige Möglichkeiten für Kanu- und Schlauchboottouren, Jugendfreizeitstätte, Fahrradverleih möglich, Tischtennisplatte vorhanden. Nach Rücksprache mit den Herbergseltern stehen die der Jugendherberge benachbarten Sportanlagen zur Verfügung.

Besondere Eignung des Hauses Aufenthalte von Gruppen mit dem Schwerpunkt Theater-Laienspiel oder Musik (Kolpingsaal mit Bühne im Haus), Sportgruppen, Schulklassen.

Wanderungen, Ausflüge, Kultur Entlang der Donau-Auen verläuft der »Donau-Radwanderweg« Donaueschingen – Passau. Ein umfangreiches Rad- und Fußwanderwegenetz verläuft durch den gesamten Landkreis Günzburg. Liebevoll als »Schwäbischer Barockwinkel« bezeichnet, bietet der Landkreis dem Kunstliebhaber eine Fülle bedeutender, vor allem barocker Baudenkmäler, so z.B. die Frauenkirche in Günzburg, die Wallfahrtskirche in Allerheiligen, die Klosterkirchen in Edelstetten, Wettenhausen und Ursberg sowie zahlreiche Schlösser.

Museen Neben den Heimatmuseen in Günzburg (beachtliche Römerausstellung), Leipheim, Burgau und Krumbach findet der Besucher in Ichenhausen mit dem Bayerischen Schulmuseum (Nebenstelle des Bayerischen Nationalmuseums) und der restaurierten ehemaligen Synagoge ein gleichermaßen interessantes wie abwechslungsreiches Programm für seinen Aufenthalt vor. Weitere Museen sind in Naichen (Hammerschmiede), Burgau (Automuseum, Tierpräparate-Museum), Stoffenried (Kreisheimatstube).

Anreise *Bahn:* München – Augsburg – Günzburg – Ulm – Stuttgart
Auto: A 8 München – Stuttgart; B 10 Ulm – Augsburg; B 16 Mindelheim – Donauwörth
Fahrrad: »Donau-Radwanderweg« Ulm – Regensburg.

Donau-Radweg　　　　　　　　　　　(Foto: Christina Garstecki)

107

Lage Die Adolf-Kolping-Jugendherberge befindet sich nahe dem Zentrum der Stadt Günzburg. Als Kreisstadt des gleichnamigen Landkreises, ist Günzburg im Nordwesten des bayerischen Regierungsbezirkes Schwaben und auf halber Strecke zwischen Stuttgart und München leicht zu finden. Der Reisende erreicht den »Schwäbischen Barockwinkel« mit Bahn, Bus und Auto über den Anschluß an das internationale Fernverkehrsnetz, mit dem Fahrrad über den »Donau-Radwanderweg« oder als Wanderer über den »Schwäbisch-Allgäuer-Wanderweg.«

Adolf-Kolping-Jugendherberge
Schillerstraße 12 · **D-89312 Günzburg**
Telefon (08221) 34487

»Von der Günz zur Kammlach«

7.1 Jugendherberge – Deffingen – Stadtwald – Stubenweiher – Wettenhausen (Jugendherberge)

Verkehrsmöglichkeiten Buslinien 14 und 24 von Wettenhausen nach Günzburg.
Wegmarkierungen Wanderwegweiser; teilweise blaues Andreaskreuz des Schwäbisch-Allgäuer Wanderweges.
Tourenlänge 10 Kilometer.
Wanderzeit 2½ Stunden.
Karten 1:75000 Radwanderkarte des Landkreises Günzburg; 1:85000 Freizeitkarte Landkreis Günzburg mit Stadtplan.
Wissenswertes In *Wettenhausen* gilt es die frühbarocke (1670) Kirche des *Augustiner Chorherrenstifts* von Michael Thumb zu besichtigen (Kaisersaal im Klostergebäude von 1690, Klostergang mit Wessobrunner Stuck). Als Verlängerung der Tour bietet sich ab dem *Kloster Wettenhausen* der 15 Kilometer lange, gut ausgeschilderte Wanderweg bis zum *Stift Edelstetten* an: 1981 durchquerte der damalige Bundespräsident Karl Carstens auf seiner Deutschland-Wanderung diese »schönste Teilstrecke des Schwäbischen Barockwinkels«.
Tourenbeschreibung Ab Haustüre der *Jugendherberge* links auf der Straße Am Südlichen Burgfrieden zum *Gymnasium*. Danach kurz rechts in die Immelmannstraße, und gleich wieder links weiter zur *Realschule*. Dort links in die Rebaystraße und

dann auf Fuß- und Radweg links der Realschule zum Lindenweg (geplante Ortsumgehungsstraße). Weiter auf der Straße Am Äußeren Stadtbach zum *Birketweiher* (15 Minuten).

Am linken Ufer geradeaus weiter auf dem Hallstattweg bis zur quer verlaufenden *Stegerwaldstraße*. Nun kommt die Qual der Wahl: Wir könnten geradeaus weiter bis zum *Wanderparkplatz* (Wege-Übersichtstafel) vor dem Naturfreundehaus gehen und dort dem nicht zu verfehlenden, markierten *Schwäbisch-Allgäuer-Wanderweg* über *Leinheim* bis zum *Stubenweiher* folgen (etwa 2 Stunden).

Auf etwas kürzerem Weg dorthin geht es entlang der *Steger-waldstraße* rechts hinüber nach *Deffingen* (20 Minuten). Von der Ortsmitte erst links, dann rechts ortsaufwärts zur deutlich erkennbaren Autobahnunterführung.

Danach auf Güterweg (blau markierter »Rundweg«) links, bei der nächsten Verzweigung rechts in den *Mittleren Stadtwald*. Auf breitem Forstweg wandern wir nun eine längere Etappe durch den schattigen Hochwald, bis wir wieder auf eine Verzweigung treffen: Dort rechts am Waldrand entlang bis zu einem breiten Güterweg durch die Wiesen. Vor uns sehen wir Kleinkötz, links Limbach und im Hintergrund die Kühltürme des Kernkraftwerks Gundremmingen. Wir folgen nun dem von Limbach wieder einmündenden *Schwäbisch-Allgäuer-Weg* nach rechts.

Nach kurzer Waldetappe durch weite Äcker weiter bis zur Fahrstraße Limbach-Ebersbach. Auf dieser etwa 200 Meter links, dann halbrechts ab auf Güterweg zum Wald. Gleich darauf rechts auf Forstweg weiter und bei der nächsten Wegverzweigung wieder rechts.

Nach wenigen Minuten zu einem Querweg vor dem Wald, kurz rechts und wieder links hinüber zum Wald. Auf Fußweg

hinab zur Straße von Ebersbach – links sehen wir schon den nahen *Stubenweiher* blinken (1¼ Stunden; Einkehrmöglichkeit). Badezeug raus und hinein in die wohlverdienten kühlen Fluten!

Um nach ausgiebigem Badevergnügen nicht auf dem gleichen Rückweg zur Jugendherberge wieder ins »Schwitzen« zu kommen, können wir stattdessen dem kurzen Weg hinüber nach *Wettenhausen* folgen (45 Minuten): Der gut markierte *Schwäbisch-Allgäuer-Wanderweg* leitet uns zuverlässig über die Anhöhe der *Weinhalde* hinab nach *Wettenhausen*. Und wenn noch Zeit für den Linienbus zurück nach *Günzburg* bleibt, sollten wir unbedingt noch die weithin berühmte *Klosteranlage* von *Wettenhausen* besichtigen!

»In den Donau-Auen«

7.2 Jugendherberge – Reisensburg – Donau-Auen – Jugendherberge

Verkehrsmöglichkeiten Stadtbus zum Ortsteil Reisensburg.
Wegmarkierungen Wanderwegweiser.
Tourenlänge Je nach Etappenausdehnung, maximal 14 Kilometer.
Wanderzeit Höchstens 3½ Stunden.
Wanderkarten 1:75000 Radwanderkarte des Landkreises Günzburg. Teilweise Topographische Karte 1:50000, Nr. L 7526 (Günzburg).
Wissenswertes Das barockisierte Schloß der *Reisensburg* gilt mit seinem mittelalterlichen Kern als eine der ältesten Burgen in Bayerisch-Schwaben. Die *Donau-Auen* (453 ha) zwischen Günzburg und Offingen boten bisher eine reiche Ausbeute an Kiesvorkommen. Im Zuge einer *Renaturierung* entstanden zahlreiche Baggerseen, die zur Attraktion für Angler und Badegäste wurden. Weite Teile stehen unter Landschafts- oder Naturschutz, eine noch verschärftere Ausweisung mit Betretungsverboten für den Erhalt von Flora und Fauna ist zu erwarten. Die nördlich der Auen allgegenwärtig aufragenden Kühltürme des Kernkraftwerks Gundremmingen lassen allerdings Zweifel am Schutz der Natur vor dem Menschen aufkommen.
Tourenbeschreibung Von der *Jugendherberge* entweder per Stadtbus oder zu Fuß auf kürzestem Weg zum *Schloß Reisensburg* (beispielsweise): Jugendherberge – Schillerstraße – Von-

Richthofen-Straße – Steppachweg – Belvederestraße – Parkstraße bis Reisenburger Straße, dann nordöstlich auf Fuß- und Radweg durch die *Städtischen Anlagen – Märchenwiese* bis zum Schloß Reisensburg (rund 30 Minuten).

Vom Schloß auf der *Riedhausener Straße* abwärts und über die *Donau*. Dann sofort (noch vor dem Sportplatz) auf dem für Autos gesperrten Güterweg rechts zur *Donau*.

Auf dem *Donau-Dammweg* flußabwärts. Wem das gemächliche Dahinschlendern am Fluß gefällt, der kann dies bis hinab zum Fluß-Kilometer 2557,6 unternehmen (30 Minuten; siehe Text unten).

Wer jedoch lieber auf »verschlungenen Pfaden« durch die urwüchsige Moor- und Seenlandschaft des *Topflet* wandert, biegt
alsbald von der Donau nach links zum *ersten sichtbaren See* ab.

Die Pfadspur bringt uns durch den Wald zum rechten *See-
Ufer*. Sobald wir einen breiten *Damm*, welcher den nächsten
See abgrenzt, erkennen können, folgen wir diesem nach links.
Anschließend durch Unterholz weiter. Wir treffen auf ein Hin-
weisschild, daß die Renaturierung des angrenzenden Gebietes
vom örtlichen Rotary-Club finanziert wurde (Betretungsverbot).

In der eingeschlagenen Richtung weiterwandernd, verlassen
wir den Wald und folgen dann einem breiten Güterweg nach
rechts (links zurückblickend der Turm der Reisensburg).

Parallel zur Donau ein gutes Stück *flußabwärts*, bis wir einen
großen See mit einer *Insel* erreichen. Eine Landschaftsschutzge-
biets-Tafel weist uns auf sämtliche Gebote hin. Von der *Rastbank am Ufer* sehen wir groteskerweise wieder einmal die Kühltürme von Gundremmingen.

Wenn wir kurz nach rechts gehen, treffen wir direkt auf den
Flußkilometer 2557,6 und damit auf den Direktweg am Donau-

Gruppenwanderung   (Foto: Klaus Puntschuh)

Dammweg (s.o.). Deutlich erkennbar ist die Staustufe des E-Werks Offingen vor der Kernkraftwerks-Silhouette.

Wir wandern von der Rastbank nach links weiter, passieren einen *Wegdurchlaß* für Fußgänger (Forstregion Reisensburg-Aschau) und umwandern auf einem *Saumpfad* den schilfbewachsenen *Fischweiher* (riesige Karpfen!) am linken Ufer.

Sobald wir einen kleinen *Ablauf* des Sees erreichen (dicker Baumstumpf!), wählen wir die nach links vom See abweichende Pfadspur, überqueren einen zweiten großen *See-Ablauf* und halten uns an der nächsten Wegegabelung links. Daraufhin durchstreifen wir eine wunderschöne Blumen-Vegetationszone und kommen an Bienenstöcken, einer Wildfütterung und an vielen kleinen Borkenkäfer-Fallen vorbei.

Stets auf dem Hauptweg bleiben, bis wir die Waldregion verlassen und weites Ackerland betreten. Bald schon taucht auch die Reisensburg in nicht allzu weiter Entfernung auf.

Bei der großen Wegekreuzung geradeaus weiter zum großen offiziellen *Badesee* – dort läßt es sich so lange verweilen, bis der Heimweg unausweichlich wird.

Ein gekiester Güterweg leitet uns links eines Fischweihers in einer Rechts- und Linkskehre auf die Reisensburg zu. Beim zweiten Weg nach links hinüber zu einem *Einzelgehöft,* dann sind es nur noch wenige Meter rechts auf der schmalen Fahrstraße (Vorsicht!) retour bis zum *Sportplatz.*

Um den Heimweg zu variieren, folgen wir dort dem rechten *Dammweg* Donau-aufwärts, überqueren mit der *Bundesstraße 16* den Fluß und sind auch schon mitten in der *Günzburger Altstadt.* Heim zur Jugendherberge.

»Durch das Günztal«

7.3 Jugendherberge – Kötz – Günztalmoos – Ichenhausen

Verkehrsmöglichkeiten Bahn- und Buslinie Ichenhausen – Günzburg.
Wegmarkierungen Keine.
Tourenlänge 12 Kilometer. **Wanderzeit** 3 Stunden.
Radkarte 1:75000 Radwanderkarte Landkreis Günzburg.
Wissenswertes *Kleinkötz* wartet mit einer sehenswerten Pfarrkirche von 1691 sowie dem Wasserschloß von 1712 auf. – *Groß-*

kötz mit einmütig beieinander stehendem Pfarrhof und Pfarrkirche von J. Dossenberger bietet in der Kirche Fresken von J. Anwander. – *Günztalmoos* und *Ichenhausen* siehe Tourenbeschreibung. Westlich von Ichenhausen und unserem Wanderweg entlang der Günz lohnt sich ein Abstecher nach *Autenried,* dessen *Ikonenmuseum* mit 2500 Exponaten das größte Museum für ostkirchliche Kunst außerhalb der slawischen Länder und Griechenlands darstellt.

Tourenbeschreibung Von der *Jugendherberge* rechts zur großen Straßenkreuzung – auf dem Fußgänger-Übergang geradewegs hinab zur *Ichenhausener Straße.* Dann gleich links ab in den Weg »Am Hohen Gstad«. Nach wenigen Schritten den Fußweg »Am Hungerberg« rechts hinab zur *Nördlichen Günztalstraße.* Wieder rechts in den *Kapellenweg* und am Ortsrand durch die Wiesen bis zur *Wehrhofstraße* – rechts über die *Günz* und zum Stadtteil *Wasserburg.*

Gleich wieder links ab in die Ortsstraße und dann dem Schild »Vereinsheime« folgen. Über den Bahnübergang und gleich wieder links. Kurz auf der Fahrstraße nach Kötz ortsauswärts. Durch die Unterführung und dann durch Wiesen zum Wald. Dann passieren wir nacheinander mehrere *Weiher* (Bademöglichkeit nur im ersten Weiher) zur Linken. Weiter entlang des für Kfz gesperrten Güterwegs bis zur *Fahrstraße* Großkötz – Kleinkötz. Auf dieser links in Richtung *Kleinkötz.* Über die *Günz* und nach dem Ortsschild rechts zur Raiffeisenstraße und weiter rechts der Bahngleise durch die stillen Fluren des *Günztals.*

Auf etwa halber Strecke bis Hochwang per Bahnübergang zur linken Geleiseseite. Weiter bis zur Ortschaft *Hochwang*. Dort jedoch nicht zum Ort, sondern wieder rechts über die Bahngeleise. Anschließend links entlang dem Lauf der *Günz* durch den wohl schönsten heutigen Wegabschnitt, das *Günztalmoos*. Hier, zwischen Hochwang, Rieden und Oxenbronn gedeihen vielfältige und seltene Pflanzenarten, welche Lebens- und Schutzraum für manche vom Aussterben bedrohte Tierarten schaffen.

In *Ichenhausen* warten dann noch ein sehenswerter Stadtkern (Rathaus), ein Schloß, eine Synagoge und das Schulmuseum auf unseren Besuch. Naja, und das Freibad läßt sich im Sommer wohl bereits per Nase ausfindig machen.

7.4 Radwege-Rundtour
»Der Donau-Radwanderweg bis Ulm«

Jugendherberge – über die Donau – Leipheim – Weißingen – Unter- und Oberelchingen – Thalfingen – Böfingen – Neu-Ulm – Ulm (30 km einfach, retour eventuell per Bahn; Donau-Radwanderkarte).

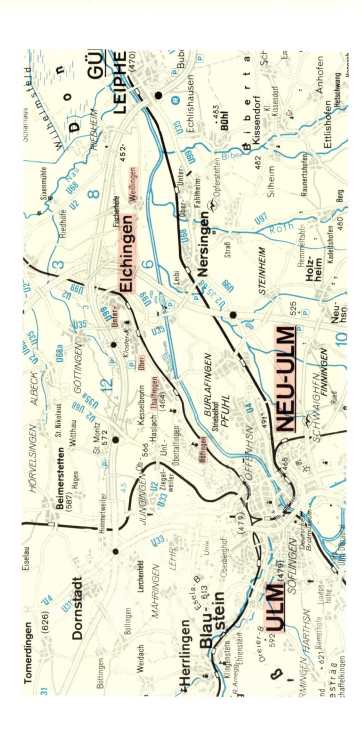

8 Jugendherberge Augsburg

Die Stadt *Augsburg* im Mündungsgebiet der Alpenflüsse Lech und Wertach blickt auf eine 2000jährige Geschichte zurück. Aus einem Heereslager der Römer (16./15. Jh. v. Chr.) entwickelte sich *Augusta Vindelicorum,* jene rätische Provinzhauptstadt der Römer im eroberten Reich der Kelten nördlich der Alpen. Das Mündungsdreieck der beiden Flüsse bot Schutz vor Angreifern und der Wassertransportweg zur nahen Donau begünstigte diesen Standort am Schnittpunkt römischer Heer- und Handelsstraßen.

Nach dem Untergang des römischen Imperiums (4. Jh.) war Augusta Vindelicorum zerstört. Aus der Zeit der Christenverfolgungen hatte sich ein Heiligenkult um ihre Märtyrer (Hl. Afra) gebildet, und mit der Christianisierung des nun Fränkischen Reiches wuchs eine neue Stadt heran. Bereits 788 wurde *Augsburg Bischofssitz,* was es bis heute geblieben ist. Bedingt durch das wehrhafte Bündnis von Kaiser und Papst trutzte Augsburg unter Bischof Ulrich gar den Hunneneinfällen (955), und mit dem Beginn des Kirchenbaus in Deutschland entstand der *Augsburger Dom* (998).

Ohne auf die zahllosen kirchlichen und weltpolitischen Machtkämpfe des Hohen Mittelalters aus Platzgründen näher eingehen zu können, sei auf das 1. und 2. *Augsburger Stadtrecht* verwiesen, welche den Werdegang zur Freiheit gegenüber den

Jugendherberge Augsburg   (Foto: DJH Landesverband Bayern e. V.)

Augsburg, Augustusbrunnen auf dem Rathausplatz   (Foto: Helmut Dumler)

Bischöfen bis zum Titel der *Freien Reichsstadt Augsburg* (1316–1806) signalisierten. Ein Rat regierte fortan die Geschicke der Stadt, wobei allerdings bald schon Machtkämpfe zwischen dem Geldadel der Patrizier und den erstarkenden Handwerkszünften ausbrachen.

Im 15. und 16. Jahrhundert wurde *Augsburg Handelsumschlagplatz* zwischen Nordeuropa, Italien und Frankreich. Die Textilkaufleute der *Fugger* und *Welser* sandten Handelsflotten bis Indien und Amerika, prägten ihr Gold und Silber zu eigenen Münzen, erkauften Kaiser- und Königswürden – kurz, sie waren wohl die reichsten Kaufherren der damaligen Welt.

Indessen wuchsen die sozialen Spannungen bei den nicht am Reichtum beteiligten Webern und Handwerkern. Die heute noch existierende *Fuggerei,* die »erste Sozialsiedlung der Welt« (1514), in der verarmte katholische Bürger fast umsonst wohnen konnten, war wohl eher ein Versuch, den Unmut der Bevölkerung zu dämpfen. Mit der bereits seit 1460 im Bundschuh beginnenden Erhebung der seit dem 6. Jahrhundert rechtlosen leibeigenen Bauernschaft (vier Fünftel der Bevölkerung!) bis hin zum großen deutschen Bauernkrieg (1525) einher gingen die Erfindung der Buchdruckerkunst (1450) und Martin Luther's 95 Thesen (1517), in welchen er Mißstände der Kirche anprangerte. – Nach der Niederschlagung der Bauernaufstände legten die Reformatoren um Martin Luther auf dem *Augsburger Reichstag* vor Kaiser Karl V., dem mächtigsten Herrscher des Mittelalters, ihr Bekenntnis zu Luther's Bibelübersetzung (aus der sich erst die moderne deutsche Sprache entwickelte) ab. Diese *Confessio Augustana* führte schließlich zur Freiheit der Religionswahl, welche im *Augsburger Religionsfrieden* (1555) zunächst besiegelt wurde – die Stadt war wiederum ins Zentrum der Weltgeschichte gerückt.

In den folgenden 60 Jahren des relativen Friedens war die Zeit der großen *Augsburger Stadtbaumeister* (Elias Holl). Fast die gesamte Bevölkerung Deutschlands hatte die befreiende Kirchenlehre des Protestantismus angenommen. 1618 begann im Zuge der Gegenreformation und europäischer Machtkämpfe der Dreißigjährige Krieg, an dessen Folgen wie Hungersnot und Pest (zwei Drittel der Bevölkerung war gestorben) das Land bis ins 19. Jahrhundert zu tragen hatte.

Erinnert sei noch an das *Augsburger Friedensfest* von 1650, welches die endgültige Gleichheit zwischen Katholiken und Protestanten besiegelte.

Augsburg heute ist nicht nur eine kulturgeschichtliche Stadt »zum Anfassen« (rund 60 Sehenswürdigkeiten beim Stadtrundgang und Handwerkerweg), sondern auch eine Stadt mit unglaublich viel Naherholungsgrün und -naß »zum Eintauchen« – kurz, eine Urlaubsstadt zum Wohlfühlen.

Allein die Gesamtlänge aller Flüsse, Bäche und Kanäle im Stadtgebiet ergibt eine Summe von 153 Kilometern! Angeblich gibt es in Augsburg mehr Brücken als in Venedig (400) – wer macht die Probe auf's Exempel?

Im südlichen Anschluß an den Altstadtkern säumen bereits der Siebentischpark (27 ha; Botanischer und Zoologischer Garten) und der Stadtwald (1580 ha; Natur- und Landschaftsschutzgebiete), beides Relikte des ursprünglichen Auenwaldes, das Lechufer flußaufwärts bis Mehring und Königsbrunn; unzählige Bade- und Liegeplätze garantieren einen angenehmen Sommer und im Winter locken romantische Spazier- und Wanderwege.

Apropos wandern: Schließlich gibt's noch den Naturpark Augsburg – Westliche Wälder (117500 ha) mit 1600 Kilometern markierter Wanderwege.

Die *Jugendherberge Augsburg,* Kat. III, liegt im verkehrsberuhigten Zentrum der Stadt, nur 3 Minuten vom Augsburger Dom entfernt. Sie verfügt über 130 Betten, aufgeteilt in 2- bis 10-Bettzimmern. Eigene Zimmer für Begleitpersonen, 5 Gemeinschaftsdusch- und -waschräume. 1 Speisesaal, 2 Aufenthaltsräume, Fernsehgerät.

Für Sport und Freizeit bietet Augsburg seinen jüngeren Einwohnern 99 Kinderspielplätze und 54 Bolzplätze. Ferner 80 Freisportanlagen von Vereinen, 90 Sport- und Turnhallen, 2 Kunsteisstadien, Bundesleistungszentrum für Kanuslalom und Wildwasser. – 7 Freibadanlagen und 5 Hallenbäder sorgen für's ganzjährige Schwimmvergnügen. Bei schlechtem Wetter: 10 Museen, Augsburger Puppenkiste, Jugendtreffs, Stadtbücherei, Ausstellungen, Planetarium und Volkssternwarte.

Weitere Informationen: Jugendherberge Augsburg, Beim Pfaffenkeller 3, D-86152 Augsburg. Telefon (0821) 3 39 09. Bürgerinformation im Rathaus, Rathausplatz, Telefon 324-21 63 und 3 24-28 00.

»Das Augsburger Naherholungsgebiet«

8.1 Jugendherberge – Botanischer und Zoologischer Garten – Siebentischwald – Kuhsee – Lechufer – Lechstaustufe 23 – Mering

Verkehrsmöglichkeiten Buslinie 32 Königsplatz – Rotes Tor – Zoo/Bot. Garten. Bus- und Bahn von Mering nach Augsburg.
Wegmarkierungen Wanderwegweiser.
Tourenlänge 16–20 Kilometer.
Wanderzeit 4 bis 5 Stunden.
Wanderkarte 1:50 000 Kompass-Wanderkarte Nr. 190 oder »Naturpark Augsburg – Westliche Wälder« – Südblatt.
Anmerkungen Die Tour läßt sich per Buslinie bis zum Botanischen Garten um 45 Minuten verkürzen. Wer »Glück« hat erwischt bei der Staustufe 23 einen Pendlerbus hinüber nach Mering (Zeitersparnis 1 Stunde). Die gesamte Tour kann auch per Fahrrad unternommen werden.
Wissenswertes Der Verkehrsverein Augsburg am Königsplatz beschreibt in seinem kostenlosen Prospekt »Augsburg – Eine Stadt stellt sich vor« ausführlich einen rund 2½stündigen *Stadt-*

rundgang zu den rund 40 Sehenswürdigkeiten (mit Stadtplan). Ebenso läßt sich der *Augsburger Handwerker-Weg* entlang den Lechkanälen gut nachvollziehen. Der Prospekt »Kunst und Kultur« führt zu den Museen, Galerien und Gedenkstätten. Infos über den *Zoo* und *Botanischen Garten.*

Der 263 Kilometer lange *Lech* entspring im österreichischen Vorarlberg, beherrscht das weite Tal zwischen Allgäuer und Lechtaler Alpen, durchbricht im Lechfall bei Füssen den Wettersteinkalk und eilt dann über Lechbruck, Schongau, Landsberg und Augsburg der Donau zu. – Vorbei die Zeiten, als die Lechbrucker Flößer über Augsburg und weiter auf der Donau bis nach Budapest fuhren. Heute dient der Lech der Stromgewinnung: Ab dem künstlich aufgestauten Forggensee bei Füssen überwindet der Lech als »nasse Treppe« insgesamt 26 Staustufen. Profitieren können davon die Badefans und Surfer.

Tourenbeschreibung Von der *Jugendherberge* hinüber zur nahen *Augsburger Domkirche* (11. und 14.Jh.; römisches Freilichtmuseum). Weiter auf dem Hohen Weg und der Karolinenstraße stadteinwärts zum Zentrum, dem *Rathausplatz* (Renaissance-Rathaus, Augustusbrunnen, Perlach; Aussicht vom Stadtturm!) mit der bis zum Königsplatz hinüberreichenden Fußgängerzone.

Die bis zum Weberzunfthaus (Merkurbrunnen) platzartig erweiterte *Maximilianstraße* zeugt auch bis zum Ulrichsplatz mit Fuggerpalast und Schaezlerpalais, Herkulesbrunnen und freskengeschmückten Bürgerhäusern sowie den kath. und ev. Kirchen und Klöstern von der richtungsweisenden spätmittelalterli-

Augsburg, Am Eiskanal   (Foto: Hans Naumann)

A u g s b u r g

Lech

DJH
Domkirche

Hochzoll

Lech

nach Friedberg

Bad

B 300

Botanischer
Garten

Siebentisch-
park

Zoologischer
Garten

Natur-
schutzgebiet

Brunnenbach

Siebenbrunner Bach

Reichskanal

P

Sieben-

Stempflesee

Bad

Kuhsee

tisch-

Lochbach

wald

Lech

Siebenbrunn

0   1 km

Haunstetten

124

chen Bedeutung Augsburgs als Freie Reichsstadt. – Wovon die schmalen Gässchen links hinab zur alten Unterstadt mit ihren Handwerksbetrieben (Handwerkerweg!) freilich ebenso beredtes Zeugnis ablegen.

Die *Maximilianstraße* endet im Süden am markanten St.-Ulrichs-Münster, dessen gestaffelter Giebel und Zwiebelturm ebenso wie das Rathaus samt Perlachturm zu den Augsburger Wahrzeichen zählt. Wir folgen dem *Milchberg* hinab zur Unterstadt, wo wir rechts entlang der *Spitalgasse* zum einstigen »Tor nach Italien«, dem *Roten Tor* mit seinen Wallanlagen (Wassertürme; Freilichtbühne) gelangen.

Nach kurzem Verschnaufer in den Grünanlagen weichen wir von der *Roten-Torwall-Straße* in die *Baumgartnerstraße* ab und überschreiten den *Brunnenbach*. Auf unserem Weg nach Süden nimmt uns ab der Prof. Steinbachstraße bald schon der vor über 100 Jahren mit Teichen und Bächen angelegte *Siebentischpark* auf, der uns dann am Westrand des Botanischen und Zoologischen Gartens (Besichtigung für ein andermal vormerken!) entlangführt.

Bei der *Einmündung* des Reichskanals in den Siebenbrunner Bach halten wir uns an die linke Seite des *Reichskanals* (südlich der kleine Stempflesee) und kommen westlich nach ausgiebiger Wanderung durch den schattigen *Siebentischwald* zu einem weiteren Augsburger »highlight«, dem *Hochablaß* (1½ Stunden ab Jugendherberge): Von der sicheren Fußgängerbrücke aus sehen wir den breiten Lech mit schäumendem Getöse die »Floßgasse« und die »Fischertreppe« hinabstürzen – vor lauter Gischt, die oftmals bis herauf spritzt, können wir eigentlich schon auf ein Bad im benachbarten Kuhsee verzichten.

Vom oberen Ende des *Kuhsees* folgen wir den Wegspuren nach rechts und kommen so zum Dammweg am linken *Lechufer*. Herrliche Ausblicke hinab zum Fluß begleiten unsere Wanderung nach Süden. Zwischendurch laden sonnige Plätze am bewaldeten Ufer zum Rasten. Vorsicht: Der Lech ist mitunter sehr ungestüm, und Badeversuche sind somit gefährlich! Darum das Baden bis zum Lechstausee verschieben!

Nach etwa 1½ Stunden entlang den weiten Windungen des Lech passieren wir auf Höhe von Neukissing über verschlungenen Pfade mehrere kleine Lechzuläufe aus dem nahen Naturschutzgebiet Kissinger Heide. Bald taucht der *Weitmannsee* vor uns auf, ein Eldorado der FKK-Anhänger. Falls wir lieber mit Badezeug schwimmen wollen, warten wir am besten noch bis zum nahen *Lechstausee 23*, wo es auch Getränke und Brotzeit im Biergarten gibt.

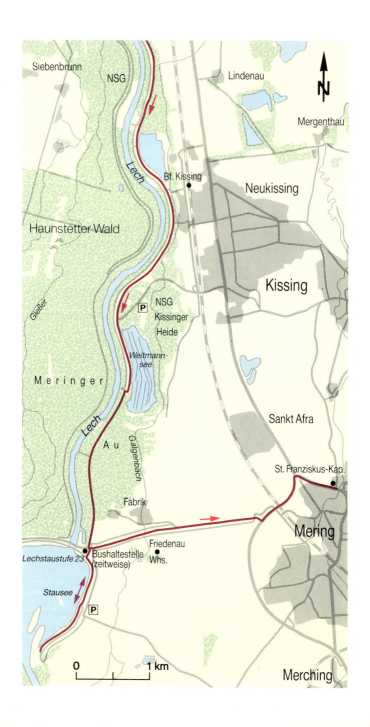

Zuvor queren wir noch die Fahrstraße Königsbrunn – Mering (Bushaltestelle und Abfahrtszeiten nach Mering dort schon ausfindig machen!), »erklimmen« die Treppen der Staustufe, genießen an Föhntagen ein eindrucksvolles Alpenpanorama und halten uns ans linke (westliche) Ufer des *Stausees,* bis wir die geräumigen Badeplätze erreicht haben (1 Stunde), die wir uns allerdings mit Surfern teilen müssen.

Falls wir keinen Bus erwischen, müssen wir noch 1 Stunde Wanderzeit bis *Mering* veranschlagen. Mit Bus oder Bahn von *Mering* zurück zur Jugendherberge.

»Auf den Spuren der Kelten«

8.2 Kissing – Burgstallkapelle – Hörmannsberg – Keltenschanze – Kissing

Verkehrsmöglichkeiten Buslinie Augsburg – Alt-Kissing. Bahnlinie Augsburg – Neu-Kissing.
Wegmarkierungen Wanderwegweiser.
Tourenlänge 11 Kilometer.   **Wanderzeit** 2¾ Stunden.
Wanderkarte 1:50000 Kompass-Wanderkarte Nr. 190.
Wissenswertes Die fruchtbare Schotterebene des *Lechrain* wurde bereits in der Steinzeit vor 10000 Jahren besiedelt, wie Funde beweisen. In der St.-Peters-Kapelle (1603) bei *Kissing* wurden unterirdische Gänge freigelegt, welche auf Kultstätten der Kelten und Germanen schließen lassen. Mehrere *Keltenschanzen* (siehe Tourenbeschreibung) und Grabhügel in der Umgebung und entlang der *Paar* führen flußabwärts bis Manching nahe Ingolstadt, wo die Paar in die Donau mündet. Und Manching scheint der Hauptort der keltischen Vindeliker gewesen zu sein. Ein »oppidum«, wie die 16./15. Jh. vor Christus eindringenden Römer jene umwallten Städte der Kelten genannt hatten, welche vornehmlich dicht am Südufer der Donau errichtet worden waren.

Inzwischen wissen wir viel, aber immer noch zu wenig über jenes sagenumwobene und tiefreligiöse, kulturell und technisch bereits sehr hochentwickelte Volk. Ihr Kerngebiet lag zwischen Rhein und Moldau, von wo aus sie ihr Reich ab der jüngsten Eisenzeit (bis zum 4. Jh. v.Chr.) bis zum Atlantik und Mittelmeer und über das Schwarze Meer bis nach Kleinasien ausbreiteten. Sie bildeten jedoch nie ein Staatswesen, sondern lebten in

lockeren Stammesverbänden. So wurden sie von den militärisch
geschulten Legionen der Römer aufgerieben, lediglich auf den
nordeuropäischen Inseln wie Irland und England konnte sich
das Gälische (gallische) erhalten.

Tourenbeschreibung Von der Bushaltestelle »Ost« in *Alt-Kissing* ortseinwärts. Vor der Sparkasse links auf Fußweg in Richtung Pfarrkiche. Unterhalb dieser rechts entlang dem Hör-
mannsberger Weg ortsaufwärts, oben rechts zur *Burgstallka-
pelle*.

Eigenwillig thront die barocke Jesuitenkapelle (1681) auf dem
ehemaligen Burgstallhügel über dem schmalen, aber kräftig sich

128

dahinschlängelnden Wiesenfluß der Paar. Diese ist hier, zwischen Mering und Kissing, unter Landschaftsschutz gestellt und hat sich nördlich von Kissing ein eigenes Durchbruchtal in die Schotterebene des östlichen Lechrains gegraben. An klaren Föhntagen genießt man von der Kapelle aus einen umfassenden Ausblick zu den Allgäuer und Oberbayerischen Alpen.

Ab der Kapelle leitet uns der Graben rechts des *Burgstallhügels* abwärts. Unten auf der Straße kurz links, dann auf dem Fuß- und Radweg weiter durch den Hof eines bäuerlichen Anwesens und zur *Paar*. Bald geht's rechts über den Fluß und dann südwärts durch die Wiesen bis kurz vor Ottomühl – an der Wegeverzweigung links und wieder über die *Paar*. Kurz retour in Richtung Kissing, dann exakt nach Westen bis zur Straße nach Hörmannsberg (1 Stunde).

Am Ortseingang von *Hörmannsberg* folgen wir der ersten linksabbiegenden Straße, der nächsten wieder links, und dann wandern wir auf einem Güterweg durch die Äcker nach Norden. Nach einem Rechtsbogen lassen wir die erste Linksabzweigung unberücksichtigt, wählen stattdessen die zweite und erreichen eine ausgeprägte Rechtskehre gegenüber dem *Hailachwald*. Noch ein kurzes Wegstück, dann vor dem deutlich erkennbaren Schuttabladeplatz auf Güterweg in spitzem Winkel nach links zum Wald.

Dort treffen wir gleich zu Beginn auf einen Querweg (Markierung rotes Eichhörnchen), den wir nach wenigen Schritten nach links bei der Waldgemarkung »Schanze« auf einem Hohlweg nach rechts verlassen. Kurz bergauf, und schon befinden wir uns inmitten der uralten *Keltenschanze* (45 Minuten).

Deutlich treten die grasbewachsenen Erdwälle hervor, welche ein ebenes Plateau in Längsrichtung nach Osten begrenzen. Federweich ist hier der mit Tannenadeln übersäte Waldboden – es macht Freude, sich am Boden niederzulassen, die Stille zu genießen und die Gedanken ein wenig in jene über 2000 Jahre alte Blütezeit der keltischen Kultur schweifen zu lassen.

Auf der Wanderung nach Hause können wir dem Hohlweg noch waldeinwärts bis zum nächsten Querweg folgen – auf diesem links und am nächsten Querweg wieder links, und schon treffen wir wieder auf den Eichhörnchenweg, der uns rechts bald schon aus dem Wald heraus leitet. Am nächsten Querweg links bis zu *zwei Flurkreuzen* mit wiederum herrlichem Alpenpanorama.

Auf dem Güterweg rechts durch die Wiesen bis nach *Kissing*. Am Ortseingang links und rechts hinab zur Pfarrkirche und zur Bushaltestelle (1 Stunde).

»Auf dem Schwäbisch-Allgäuer Wanderweg
zu Schottischen Hochlandrindern,
zum Baden und in einen ländlichen Biergarten«

8.3 Augsburg-Leitershofen – Augsburger Hütte – Burlafinger Weiher – (Engelshof) – Bruckmahdweiher – Burgwalden

Verkehrsmöglichkeiten Buslinie 28 Augsburg – Leitershofen. Buslinie Burgwalden – Bobingen (Abfahrtszeiten beachten!). Bahnlinie Bobingen – Augsburg.
Wegmarkierungen Wanderwegweiser; blaues Andreaskreuz des Schwäbisch-Allgäuer-Wanderweges.
Tourenlänge 13 Kilometer.
Wanderzeit 3½ Stunden.
Wanderkarte 1:50000 »Naturpark Augsburg – Westliche Wälder«, Südblatt.
Wissenswertes Der *Schwäbisch-Allgäuer Wanderweg* von Augsburg nach Sonthofen wurde 1978 von den Landratsämtern und Stadtverwaltungen im bayerischen Schwaben geschaffen. Die 157 Kilometer lange Strecke läßt sich in 7 Tagen erwandern, oder entsprechend kürzer, auch erradeln.

Die nachfolgende Wandertour führt auch durch den 117500 Hektar große *Naturpark Augsburg-Westliche Wälder*. Er wurde 1974 von der Stadt Augsburg als Verein gegründet. 1600 Kilometer markierte Wanderwege durchziehen in vier Hauptrouten jenes von Iller- und Lechgletscher erdgeschichtlich geformte Gebiet zwischen Lech und Wertach, Mindel und Donau.

Burgwalden entstand aus einer Rodungssiedlung des Benediktinerklosters St. Ulrich und Afra (11. Jh.) und gehörte im 16. Jahrhundert einem Augsburger Patrizier, der in einem der Weiher ein Wasserschloß errichten ließ – davon ist leider nichts übrig geblieben. Stattdessen locken heute Biergarten und Golfplatz die Augsburger hinaus ins kühle Grün.
Tourenbeschreibung Von der Ortsmitte in *Leitershofen* (Bus-Endhaltestelle) entlang der Hauptstraße westwärts (Gasthof Mohren) bis zum *Wanderparkplatz* am Ortsrand. Dort rechts dem Wanderwegweiser zum *Herrgottsberg* folgen. Weiter durch den Leitershofer Wald zur kleinen *Augsburger Hütte* (30 Minuten).

Das blaue Andreaskreuz des Schwäbisch-Allgäuer-Wanderweges weist uns zu einem Waldpfad. Beim nächsten breiten Weg

rechts. Auf einer Anhöhe mündet von links der Wanderweg von
Schloß Wellenburg ein – auf diesem nach rechts bis zum *Wellenburger Weiher.*

Rechts des Sees auf Forststraße in Richtung Anhausen, dann
links ab in Richtung Oberschönefeld. Geradeaus weiter über
eine Wegekreuzung und dann auf längerer Wanderetappe durch
den *Wellenburger Wald.*

Wir durchqueren zuletzt die Senke des *Wolfltals* und erreichen
das weite *Anhauser Tal* (1 Stunde). Unter einer mächtigen Eiche
weist eine Wegetafel nach Süden: Zwischen Waldrand und Anhauser Bachlauf passieren wir dann den Rastplatz »Webers
Brünnele«.

Weiter in südlicher Richtung, beim nächsten Querweg rechts
und beim übernächsten links (geradeaus geht's zum Kloster-
brünnele). Nach etwa 5 Minuten gilt es, sich zu entscheiden:
Entweder wollen wir gleich zum Baden oder nach *Burgwalden,*
dann wählen wir den Hauptweg entlang der Talsenke, passieren

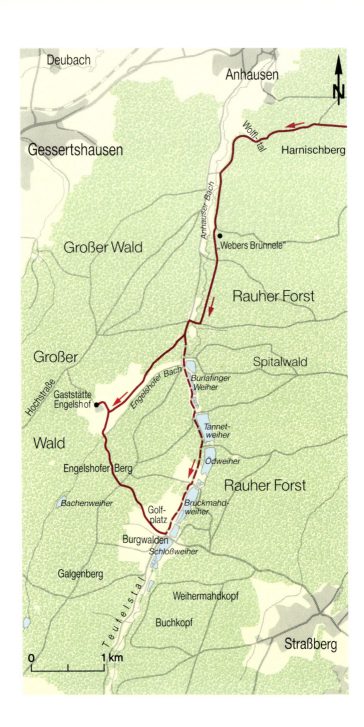

Deubach

Anhausen

Gessertshausen

Harnischberg

Wolfl-tal

Großer Wald

Anhauser Bach

„Webers Brünnele"

Rauher Forst

Spitalwald

Großer

Engelshofer Bach

Burlafinger Weiher

Hochstraße

Gaststätte Engelshof

Tannet-weiher

Wald

Ödweiher

Engelshofer Berg

Rauher Forst

Bachenweiher

Golf-platz

Bruckmahd-weiher

Burgwalden

Schloßweiher

Galgenberg

Teufelstal

Weihermahdkopf

Buchkopf

Straßberg

0   1 km

nacheinander den *Hurlafinger-, Tannen-* und *Ödweiher* (allesamt Fischgewässer) und können dann zur Abkühlung in den *Bruckmahdweiher* unterhalb der Waldwirtschaft Burgwalden springen (45 Minuten).

Falls wir die Badefreuden noch etwas verschieben können, weichen wir alsbald vom Direktweg entlang der Talsenke auf den Wanderweg nach rechts ab und stapfen in rund 30 Minuten hinauf zum *Engelshof:* (Gaststätte mit großer Terrasse): Ein toller Anblick sind die hier oben weidenden, zotteligen Hochlandrinder aus Schottland! Und so zieht es uns von der gemütlichen Aussichtsterrasse gar nicht mehr so schnell weiter.

Vom Gasthaus auf dem Herweg kurz hügelabwärts, dann jedoch nicht wieder links hinab zum Anhauser Tal, sondern halbrechts hinüber und hinauf zum nahen Wald. Auf Forstweg bald wieder eben (an der Wegekreuzung geradeaus), dann rasch abwärts und zuletzt durch Wiesen auf dem Weg quer durch das *Golfplatzgelände* zur *Gaststätte Burgwalden* (30 Minuten).

Wer jetzt noch baden möchte, der kann links kurz hinab zum nahen Bruckmahdweiher springen und dann den anderen was von den tollen schottischen Hochlandrindern erzählen, oder?

Ansonsten heißt es bei Spezi oder Limo im kühlen Biergarten von *Burgwalden* »auszuharren«, bis der Bus unterhalb der Gaststätte hinauf nach Straßberg und hinab nach Bobingen fährt. Mit der Eisenbahn zurück nach Augsburg und zur Jugendherberge!

Fliegenpilz   (Foto: Christina Garstecki)

8.4 Radwege-Rundtour
»Lech und Wertach, Schmutter
und Zusam«

Jugendherberge – B 10 ans östliche Lechufer – lechabwärts zur
Wertach-Einmündung – unter der Autobahn hindurch und wei-
ter, bis die Straße vom Segelflugplatz wieder den Lech über-
quert – Gersthofen – Hirblingen – Batzenhofen – Rettenbergen
– Adelsried – Kruichen – Lüftenberg – Zusmarshausen an der
Zusam – Bieselbach – Horgau – Biburg – Steppach – Pfersee –
Jugendherberge (rund 60 km; Rad- und Wanderkarte Naturpark
Augsburg – Westliche Wälder).

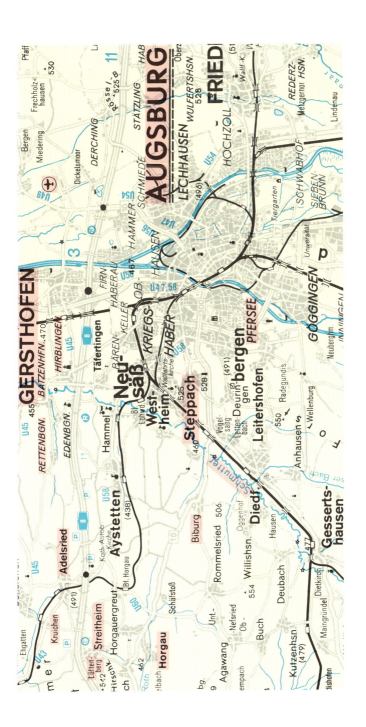

Von Jugendherberge zu Jugendherberge in Bayerisch Schwaben und in den Allgäuer Alpen

Bayerisch Schwaben

9.1 Jugendherberge Augsburg – Jugendherberge Günzburg

Verkehrsmöglichkeiten Bahnlinie Augsburg – Günzburg.
Radwanderkarte 1:50000 Naturpark Augsburg – Westliche Wälder«.
Tourenlänge Rund 60 Kilometer.
Touren-Kurzbeschreibung Jugendherberge – Hauptbahnhof – Kriegshaber – Neusäß – Hammel – Aystetten – Horgau – Bieselbach – Rothsee – Zusmarshausen – Friedensdorf – Vallried – Gabelbachergreut – Wallfahrtskirche Allerheiligen – Scheppach – Burgauer See – Burgau – Remshart – Harthausen – Nornheim – Günzburg.

9.2 Jugendherberge Günzburg – Jugendherberge Memmingen

Verkehrsmöglichkeiten Bahnlinien Günzburg – Ulm, Ulm – Memmingen.
Radwanderkarten 1:50000 Radtourenkarte Landkreis Unterallgäu (von Ichenhausen: südlich von Günzburg, bis Memmingen). Von Günzburg bis Reichau: 1:75000 Radwanderkarte des Landkreises Günzburg.
Tourenlänge Rund 70 Kilometer.
Touren-Kurzbeschreibung Jugendherberge – Leipheim – Echlishausen – Bühl – Untersilheim – Ettlishofen – Hetschwang – Balmertshofen – Biberberg – Wallenhausen – Oberhausen – Roggenburg – Rennertshofen – Friesenhofen – Tafertshofen – Kettershausen – Bebenhausen – Babenhausen – Reichau – Otterwald – Laubenhart – Eisenburg – Grünenfurt – Amendingen – Memmingen.

9.3 Jugendherberge Memmingen – Jugendherberge Ottobeuren

Verkehrsmöglichkeiten Buslinie Memmingen – Ottobeuren.
(Rad)-Wanderkarten 1:50000 Kompass-Wanderkate Nr. 186 und/oder Radtourenkarte Unterallgäu.
Tourenlänge 13 Kilometer.
Tourenbeschreibung Ausführlich in Tour 15.3 beschrieben; per pedes als auch per pedale möglich.

9.4 Jugendherberge Ottobeuren – Jugendherberge Kempten

Verkehrsmöglichkeiten Buslinie Ottobeuren – Memmingen.
Bahnlinie Memmingen – Kempten.
(Rad)-Wanderkarten 1:50000 Kompass-Wanderkarten Nr.
186 und 188 oder Radtourenkarte Unterallgäu.
Tourenlänge Rund 30 Kilometer.
Touren-Kurzbeschreibung Jugendherberge – Leupolz – Karlin
– Böhen – Unter- und Oberwarlis – Wirtshalde – Probstried –
Seebach – Haldenwang – Börwang – Dickenbühl – Priors –
Wuhr – Bockarten – Dolders – Kempten.

Kempten im Allgäu, Basilika St. Lorenz   (Foto: Stadt Kempten)

Allgäuer Alpen

9.5 Jugendherberge Kempten – Jugendherberge Lindau

Verkehrsmöglichkeiten Bahn Kempten – Immenstadt – Lindau.
Bus Kempten – Wiggensbach. Bus Isny – Wangen. Bus oder
Bahn Wangen – Lindau.
(Rad-)Wanderkarten 1:50000 Kompass-Wanderkarten 187,
188, 2. Radwanderkarte Oberallgäu (Landratsamt Oberallgäu).

9.5.1 Jugendherberge Kempten – Wiggensbach – Blender – Schwarzer Grat – Isny – (Jugendherberge Lindau) (per pedes)

Tourenlänge 22 Kilometer. *Höhenunterschiede* Insgesamt 500
Meter. *Wanderzeit* 6½ Stunden.

Starzlach-Klamm (Foto: Verkehrs- und Reisebüro Sonthofen)

Touren-Kurzbeschreibung Wie in Tour 1.1 zum Blender und nach Eschach. Weiter: Wenger-Eggalm – Schwarzer Grat (1118 m) – Dürrenbach – Rotenbach – Römerkastell – Kleinhaslach – Isny.

9.5.2 *per pedale,* etwa 60 Kilometer: Kempten-Rothkreuz – Albris – Wirlings – Gösers – Rechtis (969 m) – Haslach – Weitnau – Sibratshofen – Röthenbach – Lindenberg – B 308 nach Lindau (Gefällstrecke).

9.5.3 Jugendherberge Kempten – Jugendherberge Oberstdorf

Verkehrsmöglichkeiten Bahn oder Bus Kempten – Immenstadt – Sonthofen – Oberstdorf.
(Rad-)Wanderkarten 1:50000 Kompass-Wanderkarten Nr. 3, 188. Radwanderkarte Oberallgäu (Landratsamt Oberallgäu).
Tourenlänge 28 Kilometer bis Sonthofen, 41 Kilometer bis Oberstdorf.
Touren-Kurzbeschreibung Per pedes oder per pedale stets dem Lauf der Iller von Kempten bis Oberstdorf folgen (siehe Tour 1.2).

9.5.4 Jugendherberge Kempten – Jugendherberge Füssen

Verkehrsmöglichkeiten Bahn oder Bus Kempten – Füssen.
(Rad-)Wanderkarten 1:50000 Kompass-Wanderkarten Nr. 188, 3, 4. Radwanderkarte Oberallgäu.
Tourenlänge 45 Kilometer.
Anmerkung Nur per pedale empfehlenswert!
Touren-Kurzbeschreibung Kempten – Lenzfried – Bachtelweiher – Betzigau – Kaisermahd – Stellbrunnen – Jägerhaus – Görisried – Barnstein – Wimberg – Rückholz – Batzengschwenden – Schwaltenweiher – Bahnhof Seeg – Schnarren – Senkelewald – Hopferau – Hopfen am See – Radweg nach Füssen.

9.6 Jugendherberge Lindau – Jugendherberge Oberstdorf

Verkehrsmöglichkeiten Bus oder Bahn Lindau – Oberstdorf. Schiff, Bus oder Bahn Lindau – Bregenz. Bus Bregenz – Hittisau – Balderschwang – Riedbergpaß – Oberstdorf.
(Rad-)Wanderkarte 1:50000 Kompass-Wanderkarten Nr. 2, 3.

Im Allgäu bei Oberstdorf   (Foto: Klaus Puntschuh)

Schöllang – Ortsteil von Oberstdorf (Foto: Kurverwaltung Oberstdorf)

9.6.1 *per pedes:* (Lindau – Bregenz) – Pfänder – Scheidegg – Lindenberg – (Oberstdorf)

Tourenlänge 18 Kilometer.
Wanderzeit 4 bis 5 Stunden (dazu müssen rund 3 Stunden Fahrzeiten eingeplant werden).
Höhenunterschiede 260 Meter im Abstieg.
Touren-Kurzbeschreibung Wie in Tour 2.1 bis Scheidegg; weiter entlang der Hauptstraße zum Bahnhof von Lindenberg (Busabfahrtsstelle nach Oberstdorf.

9.6.2 *per pedale,* etwa 65 Kilometer: Lindau – Bregenz – Alberschwende – Hittisau – Balderschwang (1044 m) – Riedbergpaß (1428 m) – Obermaiselstein – Tiefenbach – Kornau (Jugendherberge Oberstdorf).
Oder: Hittisau – Sibratsgfäll (929 m) – Rohrmoostal – Kornau (Jugendherberge).

9.7 Jugendherberge Oberstdorf – Jugendherberge Füssen

Verkehrsmöglichkeiten Bus Oberstdorf – Unterjoch – Füssen.
(Rad-)Wanderkarte 1:50000 Kompass-Wanderkarten Nr. 3, 4.

9.7.1 *per pedes:* (Oberstdorf) – Unterjoch – Pfronten – Füssen
Tourenlänge 26 Kilometer. *Wanderzeit* 7 Stunden. *Höhenunterschiede* 450 Meter.
Anmerkung Der gesamte Weg ist ein Teilstück des Europäischen Fernwanderwegs E 4 (Pyrenäen – Jura – Neusiedler See) und auch als solcher markiert. Einfache Wanderung.
Touren-Kurzbeschreibung Unterjoch – Rehbach (Grenzübertritt) – Vilstal – Pfronten – Burgruine Falkenstein – Zirmengrat – Salober – Alatsee – Lechfall – Füssen.

9.7.2 *per pedale,* etwa 60 Kilometer: Oberstdorf – Rubi – Reichenbach – Schöllang – Altstädten – Sonthofen – Hindelang – Oberjoch (1136 m) – Schattwald (Grenzübertritt) – Grän (– Haldensee) – Engetal – Pfronten – Füssen.

9.8 Jugendherberge Füssen – Jugendherberge Oberammergau

Verkehrsmöglichkeiten Bus Oberstdorf – Füssen – Oberammergau – Garmisch-Partenkirchen. Bus Füssen – Halblech. Privatbus Halblech – Kenzenhütte. Bus Schloß Linderhof – Oberammergau.
(Rad-)Wanderkarten 1:50000 Kompass-Wanderkarten Nr. 4, 5.

Füssen   (Foto: Kurverwaltung Füssen)

Kloster St. Mang und Hohes Schloß in Füssen
(Foto: Fremdenverkehrsgemeinschaft Ostallgäu e. V.)

9.8.1 *per pedes:* (Füssen) – Kenzenhütte – Bäckenalmsattel – Schloß Linderhof – (Pürschlinghaus) – Oberammergau

Tourenlänge 20 Kilometer. *Höhenunterschiede* 300 Meter (bei Weg über Pürschlinghaus 600 m zusätzlich). *Wanderzeit* 6 bzw. 8 Stunden. *Touren-Kurzbeschreibung* Füssen – Linienbus nach Halblech – Privatbus zur Kenzenhütte (1285 m; Einkehr- und Unterkunftsmöglichkeit) – Bäckenalmsattel (1540 m) – Bäckenalm – Sägerbachtal – Schloß Linderhof – (Pürschlinghaus, 1564 m, siehe Tour 5.1) – Kohlbachweg – Graswang – Sonnenweg – NSG Kleine Ammerquellen – Jugendherberge Oberammergau.

9.8.2 *per pedale,* etwa 40 Kilometer auf »Super-Radwanderwegen«
(Fernradweg König-Ludwig-Route, Prälatenroute, andere Radwege):
Füssen – Waltenhofen – Trauchgau – Oberreithen – Resle – Wieskirche – Schildschwaig – Unternogg – Altenau – Unterammergau – Oberammergau.

Bischofsheim
Bad Brückenau
Coburg
Kronach
Hof
Lichtenfels
Aschaffenburg
Retzstadt
Kulmbach
Lohr
Königsberg
Wirsberg
Marktredwitz
Dammbach-
Krausenbach
Amorbach
Rothenfels
Ebrach
Schweinfurt
Warmensteinach
Neualbenreuth
Bamberg
Bayreuth
Hohenberg
Würzburg
Wiesenttal-Streitberg
Windischechenbach-Tannenlohe
Kitzingen
Göß-
weinstein
Pottenstein
Ochsenfurt
Erlangen
Hartenstein
Waldmünchen
Nürnberg
Furth im Wald
Bayer. Eisenstein
Amberg
Lam
Rothenburg
Leinburg
Bodenmais
Neuschönau-
Waldhäuser
Spalt-Wernfels
Zwiesel
Dinkelsbühl
Weißenburg
Frauenau
Nördlingen
Eichstätt
Bischofsmais
Mauth
Haidmühle
Ihrlerstein-Kelheim
Regens-
burg
Saldenburg
Lacken-
häuser
St.Englmar-Maibrunn
Ingolstadt
Straubing
Passau
Donauwörth
Günzburg
Augsburg
Landshut
Mühldorf
Wörthsee-Steinbach
Burghausen
München
Bad Endorf-Hemhof
Memmingen
Pullach
Ebersberg
Traunstein
Ottobeuren
Benedikt-
beuren
Lenggries
Schliersee
Prien
Kempten
Kochel
Kreuth
Bergen
Ober-
ammergau
Walchensee-
Urfeld
Bayrischzell
"Berghaus Sudelfeld"
Strub-
Berchtesgaden
Oberstdorf
Füssen
Garmisch-Partenkirchen
Oberaudorf
Mittenwald

Deutsches Jugendherbergswerk
Hauptverband für Jugendwandern und Jugendherbergen e.V.
Bismarckstraße 8, D-32756 Detmold

Landesverband Bayern
Mauerkircherstraße 5, D-81679 München

D-92224 Amberg
Fronfestgasse 22

D-63916 Amorbach
Kniebreche 4

D-63739 Aschaffenburg
Beckerstraße 47

D-86152 Augsburg
Beim Pfaffenkeller 3

D-97769 Bad Brückenau
Schützenhausweg 6

D-83093 Bad Endorf-Hemhof
Rankhamerweg 11

D-96049 Bamberg
»Wolfsschlucht«,
Oberer Leinritt 70

D-95447 Bayreuth
Universitätsstraße 28

D-94252 Bayerisch Eisenstein
Brennestraße 23

D-83735 Bayrischzell
Unteres Sudelfeld 9

D-83671 Benediktbeuren
(Jungen) Don-Bosco-Straße 3

D-83671 Benediktbeuren
(Mädchen) Bahnhofstraße 58

D-83346 Bergen
Hochfellnstraße 18

D-97653 Bischofsheim
Bauersbergstraße 110

D-94253 Bischofsmais
Oberbreitenau

D-94249 Bodenmais
Jugendherberge am Kleinen Arber

D-84489 Burghausen
In der Burg 27 b

D-96450 Coburg
Parkstraße 2

D-63874 Dammbach
»Krausenbach«, Frühlingstraße 5

D-91550 Dinkelsbühl
Koppengasse 10

D-86609 Donauwörth
Goethestraße 10

D-85560 Ebersberg
Attenberger-Schillinger-Straße 1

D-96157 Ebrach
Horbachweg 7

D-85065 Eichstätt
Reichenaustraße 15

D-91054 Erlangen
Südliche Stadtmauerstraße 35

D-91555 Feuchtwangen
Dr.-Güthlein-Weg 1

D-94258 Frauenau
Hauptstraße 29 a

D-87629 Füssen
Mariahilfer Straße 5

D-93437 Furth
Daberger Straße 50

D-82467 Garmisch-Partenkirchen
Jochstraße 10

D-91327 Gößweinstein
Etzdorfer Straße 6

D-89312 Günzburg
Schillerstraße 12

D-94145 Haidmühle
Frauenberg 45

D-91235 Hartenstein
Salzlecke 10

D-95032 Hof
Beethovenstraße 44

D-95691 Hohenberg
Auf der Burg

D-93346 Ihrlerstein
»Kelheim«, Kornblumenweg 1

D-85049 Ingolstadt
Friedhofstraße 4 1/2

D-87437 Kempten
Saarlandstraße 1

D-97318 Kitzingen
Talstraße 18

D-82431 Kochel
Badstraße 2

D-97486 Königsberg
Schloßberg 10

D-83708 Kreuth
»Scharling«,
Nördliche Hauptstraße 91

D-96317 Kronach
Festung 1

D-95326 Kulmbach
Mangersreuther Straße 43

D-93462 Lam
Jugendherbergsweg 1

D-84028 Landshut
Richard-Schirrmann-Weg 6

D-91227 Leinburg-Weißenbrunn
Badstraße 15

D-83661 Lenggries
Jugendherbergsstraße 10

D-96215 Lichtenfels
Alte Coburger Straße 43

144

D-88131 Lindau
Herbergsweg 11

D-97816 Lohr
Brunnenwiesenweg 13

D-95615 Marktredwitz
Wunsiedler Straße 29

D-94151 Mauth
Jugendherbergsstraße 11

D-87700 Memmingen
Kempter Straße 42

D-82481 Mittenwald
Buckelwiesen 7

D-84453 Mühldorf
Friedrich-Ludwig-Jahn-Straße 19

D-80634 München
Wendel-Dietrich-Straße 20

D-81379 München
»JGH«, Miesingstraße 4

D-94089 Neureichenau
Jugendherberge Rosenberger Gut

D-94556 Neuschönau-Waldhäuser
Herbergsweg 2

D-86720 Nördlingen
Kaiserwiese 1

D-90403 Nürnberg
»JGH«, Burg 2

D-82487 Oberammergau
Malensteinweg 10

D-87561 Oberstdorf-
Kornau, Haus Nr. 8

D-97199 Ochsenfurt
Hauptstraße 1

D-87724 Ottobeuren
Faichtmayrstraße 38

D-94034 Passau
Veste Oberhaus 125

D-91278 Pottenstein
Jugendherbergsstraße 20

D-83209 Prien
Carl-Braun-Straße 46

D-82094 Pullach
»Burg Schwaneck«, Burgweg 4–6

D-93059 Regensburg
Wöhrdstraße 60

D-97282 Retzstadt
Herbergsweg 2

D-91541 Rothenburg ob der
Tauber
Mühlacker 1

D-97851 Rothenfels
Verwaltung Burg Rothenfels

D-94163 Saldenburg
Ritter-Tuschl-Straße 20

D-83727 Schliersee
Josefsthaler Straße 19

D-97421 Schweinfurt
Niederwerrner Straße 17 1/2

D-94379 St. Englmar-Maibrunn
Haus Nr. 5

D-91174 Spalt
»Wernfels«, Burgweg 7–9

D-94315 Straubing
Friedhofstraße 12

D-83489 Strub-Berchtsgaden
Gebirgsjägerstraße 52

D-83278 Traunstein
Trauner Straße 22

D-92 555 Trausnitz
Burggasse 3

D-82432 Walchensee-Urfeld
Mittenwalder Straße 17

D-93449 Waldmünchen
Schloßhof 1

D-95485 Warmensteinach
»Oberwarmensteinach«,
Haus Nr. 42

D-91346 Wiesentthal-Streitberg
Am Gailing 6

D-92666 Windischeschenbach-
Tannenlohe,
Tannenlohe 45

D-95339 Wirsberg
Sessenreuther Straße 31

D-82237 Wörthsee-Steinebach
Herbergsstraße 10

D-97082 Würzburg
»JGH«, Burkarder Straße 44

D-95632 Wunsiedel
Am Katharinenberg 4

D-94227 Zwiesel
Hindenburgstraße 26

Mehr Freude am Wandern
Ein paar hilfreiche Tips

Wandermöglichkeiten Überall in der Nähe werden Sie einen geeigneten Wanderweg finden. Denn nahezu jeder Kreis, jede Stadt oder Gemeinde in der Bundesrepublik haben Wanderwege angelegt – insgesamt sind es fast 128000 Kilometer. Besorgen Sie sich auch das jährlich erscheinende Verzeichnis des Deutschen Jugendherbergswerkes. Es enthält nicht nur alle wichtigen Anschriften und Jugendherbergsorte, sondern auch zahlreiche Hinweise auf Ferien und Abenteuerferien mit dem DJH in mehr als 30 Länder der Welt.

Schuhwerk Es muß nicht gleich der teuerste Wanderschuh sein – aber: passen muß er. Zu enge, drückende Schuhe machen das Wandern genauso zur Qual wie zu weite oder zu leichte Schuhe, die dem Fuß keinen Halt geben.
Grundregel: Solide, wasserdichte Wanderschuhe.
Leichte Sandalen für den Aufenthalt in der Jugendherberge und für Spaziergänge.

Kleidung Nach dem Wetter schauen sollten Sie – danach richtet sich, was Sie anziehen, zu jeder Jahreszeit. Grundsätzlich sollten Sie warme, aber leichte Bekleidung wählen. Ein winddichter Anorak kann auch einmal in der Hand oder um die Hüfte getragen werden, wenn es unterwegs zu warm wird. Wenn Gepäck, dann auf das Nötigste beschränken und in den Rucksack damit. Mit freien Händen macht Wandern mehr Spaß.

Rücksach Beim Kauf darauf achten:« Selbst ein großer Touren-Rucksack sollte nicht mehr als 2000 Gramm wiegen und möglichst rückenfrei mit Tragegestell sein. Er kann nicht genug Taschen haben. Mit Inhalt gelten 25 Pfund als Gewichtsgrenze! Eine alte Faustregel sagt: Ein Rucksack ist dann zu schwer, wenn er als schwer empfunden wird.

Nicht vergessen Jugendherbergsausweis und Krankenschein, damit bei einem (hoffentlich nicht eintretenden) Krankheitsfall der Besuch beim Arzt erleichtert wird. Eine Unfallversicherung ist für alle Teilnehmer von offiziellen und vom DJH organisierten Wanderungen und Freizeitangeboten abgeschlossen.
Für kühle Abende: Pullover oder Strickjacke. Außerdem Strümpfe (Wolle oder Baumwolle), Unterwäsche zum Wechseln. Waschzeug, Taschen-Regenschirm, Schreibzeug, Liederbuch, Gitarre oder Mundharmonika, Leinenschlafsack oder zwei Bettlaken, Feldflasche.

Wandern mit offenen Augen

(Bilder entnommen aus »Hallwag-Taschenbücher«, Hallwag Verlag Bern und Stuttgart, und aus »Der große Natur- und Landschaftsführer«, Mairs Geographischer Verlag, Stuttgart.)

a

Lärche *(männliche und weibliche Blütenzapfen)*

♀

♂

Tanne *(Zapfen, männliche und weibliche Blüten, a Zapfenspindel)*

Tannenmeise

Haubenmeise

Kiefer

Fichte

Fichtenkreuzschnabel *(Weibchen)*

Distelfink

Kreiselwespe

Bittersüßer Nachtschatten

Europäische Ameisenwespe
(Weibchen)

Wiesenglockenblume

Buche *(Fruchtbecher mit Bucheckern)*

Stieleiche *(Eicheln und männliche Blüten)*

Kuckuck

Sommerlinde *(Blüten und Früchte)*

Esche *(a Blütenstand, b Früchte)*

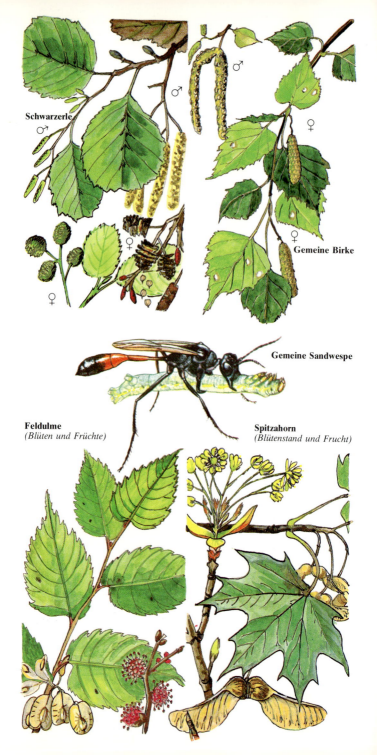

Schwarzerle

♂

♂

♀

♀

♂ **Gemeine Birke**

♀

♀

Gemeine Sandwespe

Feldulme
(Blüten und Früchte)

Spitzahorn
(Blütenstand und Frucht)

Silberpappel *(weibliche und männliche Kätzchen)*

♀

♂

♀

♂

Zitterpappel
(weibliche und männliche Kätzchen)

Distelfalter

Feuergoldwespe

Silberweide
(männliche und weibliche Kätzchen)

Ohrweide
(männliche und weibliche Kätzchen)

Sanddorn

Traubenholunder
(Blüten, Früchte)

Heidelerche

Großer Feuerfalter
(Männchen)

Berberitze
(Blüten und Früchte)

Haselstrauch

Die Vogeluhr

Die Vögel des Waldes erwachen nicht alle gleichzeitig. Sie halten pünktlich ihre Zeiten ein, so daß sich eine »Vogeluhr« ergibt. Der Hausrotschwanz z. B. meldet sich 75 Minuten vor Sonnenaufgang zuerst; ihm folgen Singdrossel, Amsel (63 Minuten), Rotkehlchen (57 Minuten), Kuckuck (55 Minuten), Zaunkönig (48 Minuten) und Buchfink (29 Minuten). Kurz vor Sonnenaufgang kommen Zilpzalp, Specht und Kleiber. Star und Grünfink lassen sich Zeit bis nach Sonnenaufgang.

Buchfink
(Männchen)

Grünspecht
(Männchen)

Hausrotschwanz
(Männchen)

Amsel
(Männchen)

Grünfink

Rotkehlchen

Star
(Männchen in Frühjahrsfärbung)

Feldsperling

…Der größte Langschläfer unter den Vögeln ist aber – man sollte es nicht glauben – der sonst so flinke und vorlaute Sperling.

wandern+ radwandern

Die zuverlässigen, tausendfach bewährten Wegweiser mit der Marke ›Kompass‹ und dem roten Punkt

Die schönsten Wanderungen

Ahrgebirge/Osteifel
Allgäu I:
  Ober-Ostallgäu
Allgäu II:
  Region Westallgäu
Altmühltal/
  Frankenalb Süd
Bayerischer Wald
Berchtesgadener Land
Bergisches Land
Berlin/West
Bodensee
Dresden
Deutsch-Belgischer
  Naturpark
Eifel (gesamt)
Ems – Weser
Erzgebirge
Fichtelgebirge
Großer Fränkische-
  Schweiz-Führer
Fränkische Schweiz/
  Frankenalb Nord
Frankenwald

Frankfurt-Offenbach
Hamburg
Harz
Hohenlohe mit
  Georg-Fahrbach-Weg
Hohes Venn
Holsteinische Schweiz
Hunsrück
Lüneburger Heide
Mark Brandenburg
Mittelrhein
Mosel, Wanderregion
Münsterland
Niederrhein
Oberbayern I:
  Bayr. Voralpen/West
Oberbayern II:
  Bayr. Voralpen/Ost
Oberlausitz
Oberschwaben
Odenwald
Ostfriesland
Ostseeküste/Rügen
Pfalz

Großer Pfalz-Führer
Rhön mit Vogelsberg
Saarland
Sächsische Schweiz
Sauerland
Schönbuch mit
  Stuttgart
Schwäbische Alb
Schwäbischer Wald
Schwarzwald Nord
Schwarzwald Mitte:
  Kinzig – Feldberg
Schwarzwald Süd:
  Feldberg – Rhein
Spessart
Taunus
Teutoburger Wald
Thüringer Wald 1
Thüringer Wald 2
VVS-Wanderführer
  Stuttgart
Weser-Leine-
  Bergland
Westerwald

Streckenwanderwege

Albrandweg
Lech
Mainwanderweg
Main-Neckar-Rhein-

Wanderweg
Moselhöhenwege
Rheinhöhenweg
Sauerland-Höhenring

Schwarzwaldhöhenwege
Fernwanderwege im
  Voralpenland
Westpfalz-Wanderwege

Europäische Fernwanderwege

Lexikon Europäische
  Fernwanderwege

E 1: Flensburg –
  Genua

E 3: Böhmerwald –
  Atlantik
E 4: Pyrenäen –
  Neusiedler See
E 5: Bodensee – Venedig

Große Wanderwege –
  Übersichtskarte
  Europäische Fernwan-
  derwege u.a.m.
  1:550 000 BRD

Wandern in Europa

Dolomiten
Harz-Niederlande-
  Wanderweg
Kanarische Inseln

Teneriffa
Luxemburg
Riesengebirge
Tschechoslowakei

Vogesen Nord
Vogesen Süd
Trentino Ost
Trentino West

Wanderbares Österreich

Burgenland
Kärnten
Oberösterreich

Salzburger Land
Tirol
Osttirol

Vorarlberg
Wien, Wanderregion

Die schönsten Radtouren

Allgäu/Bodensee
Altmühltal/
  Frankenalb Süd
Bayerischer Wald
Bergisches Land mit
  Siegerland
Berlin/West
Donau
Eifel
Fränkische Schweiz/
  Frankenalb Nord
Harz/Weser/Leine
Hamburg/Umland
Hohenlohe/Tauber-
  grund
Hunsrück/Saarland
Inn
Kurhessen-Waldeck
Lüneburger Heide mit
  Wendland
Mark Brandenburg West
Mark Brandenburg Ost
Mecklenburg-
  Vorpommern
Münsterland

Niederrhein 1
Niederrhein 2
Oberrhein – Elsaß I:
  Heidelberg –
  Straßburg
Oberrhein – Elsaß II:
  Straßburg – Basel
Oberschwaben/
  Bodensee
Odenwald
Ostfriesland und
  Unterweser
Ostsee und
  Holsteinische Schweiz
Ostseeküste/Rügen
Rheinhessen – Pfalz
Mit der S-Bahn
  an Rhein und Ruhr
Rhön/Vogelsberg
Romantische Straße
Ruhrgebiet
Sauerland
Schwäbische Alb
Schwäbischer Wald/
  Neckarland

Schwarzwald
Spessart/Kinzigtal/
  Fränkisches Weinland
Taunus/Wetterau
Teutoburger Wald
Thüringer Wald
Voralpenland I:
  Iller – Donau – Lech
Voralpenland II:
  Lech – Donau –
  Salzach
Westerwald
Rad-Deutschland-Tour:
  Von JH zu JH (West)
Radfernwandertouren
  Deutschland (West)
Balearen
Dänemark
Frankreich
Loire
Niederlande
Rhône
Tour de Ländle I
Tour de
  Baden-Württemberg

DJH-Wegweiser

Wandern mit Kompaß und Karte
Spuren der Römer im Rheinland
Spuren der Römer: Rhein – Main
Spuren der Römer: Main – Rems
Spuren der Römer: Rems – Donau
Wandern mit Kindern und
  Jugendlichen
Wandern gut geplant und vorbereitet
Radwandern gut vorbereiten

Kinder und Jugendliche im Gebirge
Rund um JH: Bayrische Alpen
Rund um JH: Allgäuer Alpen/
  Bayr. Schwaben
Rund um JH: Hunsrück/Nahe
Rund um JH: Pfalz
Rund um JH: Vulkaneifel/Südeifel
Rund um JH: Saarland
Rund um Alpenvereinshütten

DEUTSCHER WANDERVERLAG

Dr. Mair & Schnabel & Co. · Stuttgart

. . . rund um JH: Bayerische Alpen

Tips für Trips: Ausflugsziele, Wanderungen, Radtouren. Beschrieben von *Veit Metzler.*

. . . rund um Jugendherbergen: Pfalz

Tips für Trips: Ausflugsziele, Wanderungen, Radtouren. Beschrieben von *Heinz Wittner.*

. . . rund um Jugendherbergen: Hunsrück-Nahe

Tips für Trips: Ausflugsziele, Wanderungen, Radtouren. Beschrieben von *Heinz Wittner.*

. . . rund um Jugendherbergen: Vulkaneifel/Südeifel

Tips für Trips: Ausflugsziele, Wanderungen, Radtouren. Beschrieben von *Hans Naumann.*

. . . rund um Alpenvereinshütten: Mit Kindern im Gebirge

Allgäu und Lechtal. Beschrieben von *Klaus Umbach, Wilfried Dewald* und *Wolfgang Mayr.*

Wandern mit Kindern und Jugendlichen

Spiele, Abenteuerwanderungen, Wander-Rallye und viele weitere Möglichkeiten.

Wandern mit Kompaß und Karte

und anderen Hilfsmitteln zur Orientierung. Von *Heinrich Streich.*

Mit Kindern und Jugendlichen im Gebirge

Mit Gruppen im Gebirge – mit der Klasse unterwegs – praktische Tips, Ratschläge und Planungshilfen für Touren.

Radwandern gut vorbereiten Technik – Planung – Tips

Rund ums Rad. Kleine Geschichte des Fahrrads. Das Fahrrad in seinen Einzelteilen.

Wandern gut geplant und vorbereitet

Ratgeber und Wanderregeln. Von *Friedrich Schuhmacher.*

Auf den Spuren der Römer im Rheinland

Ausflüge zu den Überresten aus römischer Zeit. Beschrieben von *Werner Schönhofen.*

Radtouren von Jugendherberge zu Jugendherberge 1

Von Flensburg nach Lindau in 35 Teilstrecken und Radtouren in verschiedenen Regionen Deutschlands. Ausgewählt, abgeradelt und beschrieben von *Reinhard Kuntzke.*

Rad-Wanderführer Dänemark

Die schönsten Rund- und Strekkentouren in einem fahrradfreundlichen Land. Ausgewählt abgeradelt und beschrieben von *Günter R. E. Richter.*

Rad-Wanderführer Niederlande

Die schönsten Radstreckentouren. Ausgewählt, abgeradelt und beschrieben von *Günter R. E. Richter.*

Rad-Wanderführer Loire

Von der Quelle bis zur Mündung. Abgeradelt und beschrieben von *Reinhard Kuntzke.*

Rad-Wanderführer Rhône

Von der Quelle bis zur Mündung. Abgeradelt und beschrieben von *Stefan Geyer* und *Heinz Jobke.*

Rad-Wanderführer Frankreich

Frankreich auf zwei Rädern entdecken. Rund- und Streckentouren in der Bretagne, Champagne, Poitou, Tourraine, Normandie, Provence oder Camargue und Atlantikküste u. v. m. Ausgewählt, abgeradelt und beschrieben von *Elmar Lamers.*

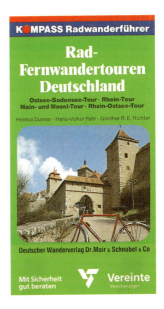

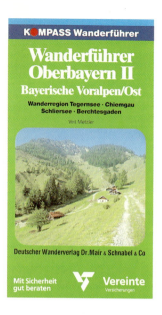

Die schönsten Rund- und Strekkentouren in der Wanderregion Tegernsee, im Chiemgau, am Schliersee und rund um Berchtesgaden. Ausgewählt, begangen und beschrieben von *Veit Metzler.*

Oberbayern I

Bayerische Voralpen/West mit Wanderregion München, Wetterstein und Karwendel. Die schönsten Rund- und Streckenwanderungen. Ausgewählt, begangen und beschrieben von *Veit Metzler.*

Berchtesgadener Land

Die 100 schönsten Rund- und Streckenwanderungen, Bergtouren und Naturlehrpfade. Ausgewählt, begangen und beschrieben von *Heinz* und *Christine Zembsch.*

Allgäu I

Oberallgäu-Ostallgäu. Die schönsten Rund- und Streckenwanderungen und Bergtouren. Ausgewählt, begangen und beschrieben von *Veit Metzler.*

Allgäu II

Wanderregion Westallgäu. Die schönsten Rund- und Streckenwanderungen und Bergtouren. Ausgewählt, begangen und beschrieben von *Veit Metzler.*

Fernwanderwege Voralpenland

König-Ludwig-Weg – Lech-Höhenweg – Schwäbisch-Allgäuer Wanderweg – Prälatenweg. Ausgewählt, begangen und beschrieben von *Helmut Dumler.*

Allgäu-Bodensee

Rund- und Streckentouren. Route Stuttgart – Donau – Bodensee. Bodensee-Rundtour. Ausgewählt, abgeradelt und beschrieben von *Julius* und *Brigitte Viel.*

Voralpenland I

Rund- und Streckentouren zwischen Iller, Donau und Lech. Ausgewählt, abgeradelt und beschrieben von *Heinz Haas.*

Voralpenland II

Die 100 schönsten Rund- und Streckentouren zwischen Lech-, Donau- und Salzachtal. Ausgewählt, abgeradelt und beschrieben von *Helmut Dumler.*

Die Deutsche Wanderjugend (DWJ) ist die Jugendorganisation des Verbandes Deutscher Gebirgs- und Wandervereine. Die jugendlichen Mitglieder von sechs bis 25 Jahren pflegen natürlich das Wandern in kind- und jugendgerechten Formen. Die Deutsche Wanderjugend wanderte schon lange aus Freude an der Natur und aus Spaß, bevor das „Volkswandern" erfunden wurde. Die Kinder und Jugendlichen bei der Wanderjugend lernen, wie man richtig wandert, erfahren alles über eine wandergerechte Ausrüstung von den Wanderschuhen bis zum Rucksack und üben den Umgang mit Kompass und Karte.

Wandern ist aber nur ein Teil der Aktivitäten. Die Jugendarbeit der Deutschen Wanderjugend umfaßt ein viel breiteres Angebot. Die Jugendgruppen der Wanderjugend legen die Inhalte und Schwerpunkte ihrer Arbeit selbst fest. Im Rahmen einer sinnvollen aktiven Freizeitgestaltung werden in der Gruppenarbeit oft musisch-kulturelle Aktivitäten bevorzugt: Basteln, Werken, Pantomime, Laienspiel, kreatives Gestalten, Singen und Instrumentalspiel, Volkstanz. Die vielfältige Bildungs- und Jugendarbeit der Deutschen Wanderjugend erstreckt sich auf Freizeiten, Fahrten, Zeltlager, Lehrgänge zur politischen Bildung, internationale Jugendbegegnungen.

Eine wichtige Aufgabe stellt der aktive Natur- und Umweltschutz für die Wanderjugend dar. Dabei steht v. a. die Erziehung und Bildung der Kinder und Jugendlichen zum umweltbewußten Menschen im Vordergrund.

Wer mehr über uns, die DWJ, wissen will, schreibt an die

DWJ-Bundesgeschäftsstelle, Wilhelmstraße 39, D-75378 Bad Liebenzell.